Raimund

Raimund Schwendner

Logik des Scheiterns

Potentiale im Unternehmen verbessern statt verspielen

GABLER

Die Deutsche Bibliothek – CIP-Einheitsaufnahme

Schwendner, Raimund:
Logik des Scheiterns : Potentiale im Unternehmen
verbessern statt verspielen – Wiesbaden : Gabler, 1996
ISBN 978-3-663-05954-7 ISBN 978-3-663-05953-0 (eBook)
DOI 10.1007/978-3-663-05953-0

Der Gabler Verlag ist ein Unternehmen der Bertelsmann Fachinformation.

Softcover reprint of the hardcover 1st edition 1996
Lektorat: Ulrike M. Vetter

Umschlaggestaltung: Schrimpf und Partner, Wiesbaden
Satz: FROMM MediaDesign GmbH, Selters/Ts.

ISBN 978-3-663-05954-7

Raimund Schwendner

Logik des Scheiterns

Potentiale im Unternehmen verbessern statt verspielen

GABLER

Die Deutsche Bibliothek – CIP-Einheitsaufnahme

Schwendner, Raimund:
Logik des Scheiterns : Potentiale im Unternehmen verbessern statt verspielen – Wiesbaden : Gabler, 1996
ISBN 978-3-663-05954-7 ISBN 978-3-663-05953-0 (eBook)
DOI 10.1007/978-3-663-05953-0

Der Gabler Verlag ist ein Unternehmen der Bertelsmann Fachinformation.

Softcover reprint of the hardcover 1st edition 1996
Lektorat: Ulrike M. Vetter

Umschlaggestaltung: Schrimpf und Partner, Wiesbaden
Satz: FROMM MediaDesign GmbH, Selters/Ts.

ISBN 978-3-663-05954-7

Vorwort

Die Lust, gezielt sich und anderen zu schaden, ist nicht nur die Eigenart von wenigen, sonderlichen Individuen. Ganze Organisationen verstehen solche Spiele zu inszenieren: Sie verkünden Strategien und Ziele, die ein unternehmerisches Paradies greifbar nahe erscheinen lassen. Sie plakatieren Zauberworte wie „totale Qualität", „stetige Verbesserung" oder strikte „Kundenorientierung" neben umfassenden „innovativen Prozessen". Eingebettet in „selbstorganisierende Teams", meist umgeben von „schlanken Strukturen". Aber dann, in der betrieblichen Praxis, ringen sie erbittert jeden nieder, den sie in ernster Absicht auf dem Weg zu derart hehren Zielen und Visionen antreffen.

Merkwürdigerweise scheint die Lust an solchem Verhalten für manche Unternehmen mehr Bedeutung zu haben als der damit verbundene, immense Verlust an Wirtschaftlichkeit, Ressourcen und künftigen Potentialen. Von lautem Wehgeschrei muß man sich dabei nicht irritieren lassen: Gern bedauern Führungskräfte das häufige Scheitern von Projekten und Prozessen, beklagen die schmalen Gewinne, die Anfälligkeit für strategische oder personelle Krisen und auch den gelegentlich rüpelhaften Umgang miteinander. Aber nur wenige fragen sich, wie sie selbst es schaffen, dieses Dilemma immer wieder aufs neue zu erzeugen, wie sie selbst zu solchem Scheitern, finanziellem Verlust oder Mißbehagen in der Team- und Führungskultur beitragen. Noch weniger scheinen sie nach der Wertschöpfung zu fragen, die sie im Sinne möglicher Potentiale, Ressourcen und Gewinne ziehen könnten, wenn sie in ihren Unternehmen ganz einfach die Wahrscheinlichkeit des Gelingens zu erhöhen wüßten. Das zu leisten hieße in der Konsequenz, die Unternehmen weniger reaktiv durch kritische Gewässer zu manövrieren, sondern potentielle Ressourcen auszuloten, sie präventiv wie proaktiv auf künftige Aufgaben zu konzentrieren. Diese Themen genauer zu betrachten, ohne dabei in eine Kritik einzustimmen, die in kritischen Situationen vorgibt, es schon immer besser gewußt zu haben, ist Anliegen des Buches. Neben einer Analyse der „Logik des Scheiterns" geht es hier vor allem um ein vertieftes Verständnis von „Strategien des Gelingens".

Eine Reihe couragierter Unternehmer, Führungskräfte und Personalverantwortlicher hat sich dieser Problematik mit aufgeschlossenem Interesse angenommen. Bereit, sich als engagierte Beobachter im persönlichen Gespräch wie in ihrem unternehmerischen Handeln auf diese Thematik einzulassen und sich konstruktiv damit auseinanderzusetzen. Ihnen gilt mein ganz besonderer Dank. Des weiteren danke ich Professor Lutz von Rosenstiel, Universität München, und Professor Matthias Ruth, Boston University, USA, für anregende Diskussionen zur Dynamik von organisationalen Prozessen, und Professor Hans Werner Gottinger, University of Maastricht und International School of General Management (ISGM), Bad Waldsee, der durch seine kritische Würdigung innovativer Prozesse wesentliche Impulse zu diesem Buch beitrug.

München, im Mai 1996 RAIMUND SCHWENDNER

Inhalt

1 Einführung

Mephistos Tugend liegt darin – glaubt man seinen eigenen Worten –, das Schlechte zu wollen, doch stets das Gute nur zu schaffen. Unternehmen scheinen bisweilen Meister des umgekehrten Prinzips zu sein. Liest und hört man ihre Ziele, wollen sie nur das Beste: für ihre Kunden, ihre Mitarbeiter, für die Gesellschaft, die Umwelt, verwirklicht mit modernsten organisatorischen oder technologischen Mitteln. Prüft man genauer, welchen Ausgang diese Anstrengungen nehmen, wendet sich die plakative Erfolgsstory allzuoft ins Gegenteil. Hehren Absichten folgt bestenfalls demonstrativer Aktionismus. Eilig eingeführte, rezeptartige Strategien erweisen sich als Plazebos, deren Wirkung dem betrieblichen Alltag nicht standhält. Zudem werden diese Strategien oft nicht aus eigenem Weitblick oder Willen initiiert, sondern weil es der Konkurrent macht. Oder irgendein Unternehmen in näherer Nachbarschaft. Oder weil ein Thema eine populäre Presse hat und damit bei vielen die Angst auslöst, bald der Unterlegene zu sein. Auf diese Weise von Angst getrieben zu werden, erzeugt den heftigen Wunsch, eine augenblickliche Situation zu verändern. Aber Angst ersetzt nicht die aufmerksame, engagierte Klugheit im Umgang mit der Zukunft und deren Risiken, Chancen, Ressourcen. Ein enthusiastischer Aufbruch in neue Unternehmenswelten weicht unter solchen Vorzeichen bald Gefühlen der Frustration, der Resignation. Sie begünstigt das Mißtrauen in weitere Initiativen. Wertvolle Ressourcen und Potentiale werden so – aus Unkenntnis oder gar aus naiver, doch vorsätzlicher Bosheit – systematisch vernichtet.

Die Strategien der praktischen Unternehmensführung folgen zu häufig einer Logik des Scheiterns statt des Gelingens. Da werden Projekte immer wieder gestartet, bekommen neue Namen, glanzvollere Etiketten. Aber ihr Ablauf gleicht stets denselben Mustern, verharrt in einer alten Dynamik. Längerfristige Prozesse werden aus Mangel an Visionen nicht zu Ende geführt, globale Ziele zugunsten kurzfristiger Erfolgskriterien aufgegeben. Innovationen versprechen neue Inhalte, reproduzieren aber unter frischer Tünche alte Schemata und Methoden.

Mephisto könnte daraus lernen: Wie man von besten Absichten spricht, doch zugleich im großen wie im kleinen Mißmut und Mißerfolge schafft. Damit wesentliche Ziele chancenlos untergehen. Behaftet mit dem scheinbaren Vorteil, daß ihr Scheitern einen weiteren Grund liefert, fürs gute Image um so lauter und länger nach ihnen rufen zu können.

Ein auf diese Weise herbeigeredeter Erfolg weicht bald einem beklemmenden Gefühl von Überlastung, Verunsicherung, Verwirrung oder Frustration. Meist verrät dann schon die Sprache, wie es um solche Projekte und Prozesse steht: sie werden „bis zum Knackpunkt“ getrieben oder auf Mitarbeiterebene „heruntergebrochen“. Man denke bei diesen gebräuchlich gewordenen Formulierungen bloß an das Bild eines Baumes, dessen Äste bis zum Knacken gebeugt und dessen Zweige auf den Grund herabgebrochen wurden. Wenn schließlich auch solches Vorgehen versagt, werden Top-down-Entscheidungen im Sinne von „Bombenwurfstrategien“ getroffen, auf einen Schlag von oben nach unten verordnet, oder in diplomatischer Sprache hierarchisch „delegiert“. Aufkommende Panik wird durch Aktionismus überspielt. An die Stelle von behutsamer Entwicklung und sensiblem Verständnis für betriebliche Zusammenhänge tritt das autoritäre Prinzip von Zuckerbrot und Peitsche: „Wer nicht für mich ist, ist gegen mich – wer gegen mich ist, fliegt“ – nicht immer aus dem Unternehmen, aber doch aus der gemeinsamen Verantwortung für innovative Prozesse.

Die Kunst, Veränderungen zu verhindern

Damit steckt ein Unternehmen schnell im Dilemma widersprüchlicher Dynamik: Innovationen werden eingefordert, verbunden mit einem deutlichen Appell nach mehr Eigeninitiative, Selbstverantwortung, persönlichem Engagement. Nur ist es nicht möglich, diesem Anspruch nachzukommen, wenn er durch einen Kontext aus Angst, Druck und Überforderung verzerrt wird. Dieses Spannungsfeld zu lösen ist nicht leicht.

Manche Unternehmen entfalten sogar ein unglaubliches Geschick, diese Widersprüche zu verfestigen, indem sie nicht die Kunst der Veränderung pflegen, sondern die Kunst, Veränderungen ausdrücklich zu fordern und deren Wirkungen zu blockieren. Solche Strategien haben im Hinblick auf etablierte Strukturen durchaus ihren Wert: Sie erlauben es Unternehmen, sich selbst oder Partnern und Kunden Innovationsbereitschaft zu suggerieren, im gleichen Moment jedoch wirklich innovative Veränderungen mit beachtlichem Erfolg zu unterdrücken. Dieses Prinzip mag aus Gründen der Opportunität sogar akzeptabel erscheinen. Denn es kombiniert das sozial erwünschte Image der Innovationsfreude mit einem geringstmöglichen Aufwand an prozeßhafter und organisatorischer Energie. Die Kehrseite dieses Prinzips sind gewaltige Verluste, die einem Unternehmen in der Folge entstehen. Verluste an Ressourcen, Motivation, Wertschöpfungspotentialen. Also Verluste vor allem im Hinblick auf die Gestaltung der Zukunft. Denn eine nachhaltige Innovationsfähigkeit wird durch Strategien mit widersprüchlicher Dynamik nicht gefördert, sondern unterlaufen.

Gescheiterte Prozesse: ein teurer Luxus

Gern neigen Unternehmen und ihre Mitarbeiter dazu, solche Themen zu überspielen. Denn Prozesse des Scheiterns und die eigenen Erfahrungen im Umgang damit lösen Beklemmung aus. Die vertraute Sicht der eigenen Welt und der subjektiven Fähigkeiten schlägt in dieser Konfrontation leicht ins Gegenteil um.

Plötzlich erscheint man nicht mehr selbst als der Macher des Erfolgs und erfahrene Rückschläge als Ausdruck höherer Gewalt, sondern der Erfolg wird zum Glücksfall, und das Mißlingen zur logischen Konsequenz eigener unzulänglicher Kompetenz.

In dieser Situation reagieren komplette Unternehmen kaum anders als deren einzelne Mitarbeiter. Sie vermeiden das Thema lieber. Das ändert aber nichts an den Verlusten, die in der Folge entstehen und die eine förderliche Entwicklung in der Zukunft hemmen. Denn Verluste weisen nicht nur auf die unzureichende Qualität zurückliegender Prozesse hin, sie verändern zugleich die Ausgangsbedingungen, die weitere Zukunft zu gestalten. Und erhöhen so das Risiko einer negativen Spirale.

Statt solche Themen selbstkritisch und konstruktiv anzugehen, findet sich in den Unternehmen wie in der Öffentlichkeit eine Art Hofberichterstattung wieder: „Es" gebe Rückschläge, aber vielerorts würden Firmen diese Probleme exzellent managen. Das ist gut für die gelobten, tüchtigen Firmen. Doch die statistischen Zahlen, die auf gescheiterte Projekte hinweisen, sind ebenfalls beachtlich. Sie sprechen dafür, sich gerade mit Mißerfolgen und ihren Konsequenzen zu befassen. Dokumentiert werden diese Zahlen oft genug: Da enthüllt die anfangs euphorisch gefeierte Einführung des Lean-Managements in zahlreichen Betrieben ihre dunkle Seite. Denn wider Erwarten wurden in vielen Firmen nicht nur Personalstärken und Organisationsstrukturen, sondern auch die erzielten Gewinne deutlich schlanker. Ähnliches berichten manche Unternehmen von ihren Reengineering-Prozessen. Obwohl alle Betriebskosten Entlastungen aufweisen, fallen die Gesamtergebnisse in den Keller. Und Unternehmen, die sich auf ein nahezu rigides „Total Quality Management" eingelassen und Tausende von Mitarbeitern für teures Geld trainiert haben, müssen resigniert feststellen, daß im günstigen Fall die Motivation der Mitarbeiter wenigstens nicht schlechter wurde. Auch daß gemeinsame Reorganisationsprozesse – wie bei den verbreiteten strategischen Allianzen – vorsorglich als „Ehen auf Zeit" betrachtet werden, tröstet im Fall eines Scheiterns wenig. Denn wie im privaten Leben wird die Scheidung einer „Ehe" oft kostspieliger als deren Schließung.

- Wie kommt es dazu, daß mit „schlanken" Strukturen am Ende auch die Erträge abspecken? Daß neue Prozesse alte Profite schmälern und qualitätsorientierte Maßnahmen die Lust der Mitarbeiter auf bessere Zusammenarbeit vergällen?
- Und wie steht es dabei um die Rolle der Helfer? Wie kann es sein, daß Teams, deren Entwicklung zu fördern ist, nach entsprechenden Trainings schlechter miteinander umgehen können als zuvor? Daß hochbezahlte Berater monatelang durch Unternehmen gehen und aufgrund der von ihnen erarbeiteten Empfehlungen jahrelange „Wunden" hinterlassen?
- Welche Indikatoren verweisen frühzeitig auf riskante Entwicklungen? Welche Wechselwirkungen mit anderen Faktoren sind zu beachten? Was bedeutet dies für Strategien des Gegensteuerns? Worin unterscheiden sich Prozesse des „Scheiterns" von denen des „Gelingens"? Wie beeinflussen sie die Potentiale betrieblicher Wertschöpfung? Welche Warnsignale sind kritisch, wie lassen sie sich konstruktiv nutzen?

Unternehmen, die sich an diese Themen wagen, können mit Hilfe ganz unterschiedlicher Strategien gezielt ihre Wertschöpfung fördern und auch diejenige Kompetenz entwickeln, die auf komplexe Herausforderungen vorbereitet.

Denn Ressourcen, die erfolgreich genutzt werden, tragen wie kein anderer Faktor zur Rationalisierung des betrieblichen Aufwands bei: weniger durch quantitativen Abbau, sondern durch qualitative Steigerung. So simpel die Botschaft klingen mag, so wichtig ist sie für zukunftstaugliches Lernen: Jeder Prozeß, der gelingt (und nicht mit all seinen gebundenen Kapazitäten wiederholt oder abgebrochen werden muß), schafft Freiräume für Investitionen und Innovationen.

Nachahmung verdrängt visionäre Kompetenz

Höhere Innovationskraft bedeutet, Ressourcen für neue Testfelder zu gewinnen, umfassende Fähigkeiten für die Gestaltung der Zukunft vorzubereiten. Das kann ein Unternehmen sich um so mehr leisten, je besser es versteht, die Risiken des Scheiterns zu minimieren und die Wahrscheinlichkeit des Gelingens im Gesamten wie im Detail zu erhöhen.

Manche Unternehmen streben indes bloß nach Kostenführerschaft. Die jeweils nächste Bilanz ist ihnen stets das wichtigste Ziel. Ihr Risiko liegt darin, bei geringen Kosten die Zukunft zu verschlafen – weil sie zwar erfolgreich rationalisieren, aber dabei mit immer weniger Ressourceneinsatz stets das gleiche tun und darin mit großer Eile das nachahmen, was andere längst vormachen. Zur *Kosten*führerschaft, die regelmäßig und unübersehbar stolz vorgetragen wird, gesellt sich dann leicht die *Nachahmungs*führerschaft, die von einem vergeblichen Mühen um zukunftstaugliche Visionen zeugt. Unternehmen, die so handeln, gleichen einem Jagdhund, der „sekundiert“. Der läuft einem anderen hinterher, der den richtigen Riecher hat. Wenn dieser das Wild aufspürt und das durch charakteristisches Heben der Vorderpfote anzeigt, ahmt er blitzschnell dessen Haltung nach – ganz so als wäre es „sein Fang“ –, ohne freilich eine echte Ahnung davon zu haben, wo der Hase nun tatsächlich läuft.

Es gilt, nicht zu sekundieren, sondern für künftige Herausforderungen den eigenen, besonderen „Riecher“ zu entwickeln. Das heißt, Herausforderungen eigeninitiativ und in Kooperation mit sinnvollen Partnern zu begegnen: durch visionäre Kompetenz, nachhaltige Innovationen und qualitative Rationalisierung. Das heißt auch, mit minimalem Einsatz oder Verlust an Ressourcen, dafür mit einem merklichen Gewinn an Werte schöpfenden Ideen, Initiativen und Intelligenz.

---

2 Verantwortung als Ressource, Prozeß, soziale Intelligenz

Diskussionen um das Thema „Verantwortung" wurden in den letzten Jahren von einer breiten unternehmerischen Öffentlichkeit geführt, ein Indiz für die erstarkte Bedeutung dieser Thematik. Sei es aus der Sicht der Verantwortungsethik (Sen, 1992) oder der Funktion, die selbstverantwortliches Handeln im betrieblichen Kontext einnimmt.

Neben diesen grundlegenden Ansätzen gibt es noch einen weiteren Aspekt, der bei der Analyse geglückter wie mißlungener Prozesse eine wesentliche Rolle spielt. Dieser soll nachfolgend im Mittelpunkt stehen: *Verantwortung als strategische Ressource, als dynamischer Prozeß und als Resultat sozialer Intelligenz.*

In unterschiedlichen Beziehungen, in denen verantwortliches Denken und Handeln zum Ausdruck kommt, erfährt letzteres eine schillernde, mitunter situationsabhängige Bedeutung. „Verantwortung" kann sich auf Beziehungen zwischen unterschiedlichen Personen oder Teams erstrecken. Zum Beispiel dann, wenn jemand versucht, einem anderen „Verantwortung" zu übertragen.

„Verantwortung" berührt auch die Beziehung einer Person zu sich selbst. Ebenso vermag sie die Beziehung eines Teams, eines Unternehmens oder einer Gesellschaft sich selbst gegenüber zu beschreiben. Wenn dies, also die Beziehung eines persönlichen oder sozialen Systems zu sich selbst gemeint ist – sei es die einer Führungskraft oder Organisation –, wird von „Eigenverantwortung" die Rede sein. Dabei ist es unerheblich, Begriffe wie „Selbst-" oder „Eigenverantwortung" wortklauberisch voneinander abzugrenzen. Unterschiedliche Aspekte verantwortlichen Handelns fließen ineinander, unabhängig davon, wie fein säuberlich man sie theoretisch trennen möchte. Dennoch, wenn es gilt, Prozesse des Gelingens oder Scheiterns zu analysieren, gewinnen Aspekte der Dynamik, des beobachtbaren und mentalen Verhaltens sowie der Struktur menschlicher und hierarchischer Beziehungen eine zentrale Bedeutung. Diese Aspekte werden, früheren Arbeiten am Max-Planck-Institut folgend, auf den Kontext der Begriffe „Verantwortung" und „Eigenverantwortung" bezogen.

Verantwortung – eine strategische Ressource

In manchen Unternehmen wird kaum ein Begriff wird so stark strapaziert wie der der „Verantwortung" – vor allem wenn es gilt, Ziele oder Veränderungen zu erreichen und unternehmerische Erfolge zu sichern. Kaum ein Verhalten wird bei Führungskräften und Mitarbeitern so häufig und nachdrücklich angemahnt wie das, „Verantwortung" zu übernehmen oder jemandem „Verantwortung" zu übertragen, manchmal auch sie zu verinnerlichen oder sich bewußtzumachen. Und doch vernachlässigen manche Firmen keine Kompetenz so sehr wie diejenige zur Verantwortung.

Verantwortung als Kompetenz?

Manager mahnen im betrieblichen Kontext oft an, daß ihre Mitarbeiter sich für unterschiedliche Angelegenheiten verantwortlich fühlen. Wie ernst sie im Einzelfall solche Forderungen meinen, ist ungewiß. Nicht selten suchen sie, hinter diesen Worten einen vordergründigen Imagevorteil zu verbergen. Der Ruf nach Verantwortung dient ihnen als Attitüde, die helfen soll, die Meinungen anderer über sie selbst zu verbessern.

Eine Führungskraft kann leicht den Begriff der „Verantwortung" strapazieren, hinter einer Maske ethischer Integrität, um an Dritte (und nicht an sich selbst) den Appell zu richten, etwas zu tun oder zu lassen. Sie delegiert – und setzt dies irrtümlich mit der Vorstellung gleich, daß sie Verantwortung überträgt, nur um am Ende die vorhandenen Arbeiten zu zergliedern, zu verteilen, ihre Durchführung zu überwachen. Und sich damit ins rechte Licht zu setzen.

In eher seltenen Fällen nutzen Führungskräfte die Kompetenz zur Verantwortung gezielt als strategische Ressource. Noch weniger pflegen sie diese als Instrument der Unternehmensführung. Der eigentliche Wert dessen, was Verantwortung für ein Unternehmen bedeuten könnte, liegt vielfach brach oder verkümmert im Umfeld betrieblicher Alltagsrhetorik.

Der Wertverlust, im ideellen Sinn wie in barer Münze, den sich zahlreiche Unternehmen aufgrund eines inkompetenten Umgangs mit der Ressource Verantwortung leisten, ist immens. Deshalb ist dieses Thema vor all den anderen Aspekten des Gelingens und Scheiterns aufzugreifen, die später den Ablauf konkreter Projekte und Prozesse skizzieren.

Die Qualität der „Verantwortung" zu bewerten ist wichtiger, als alle anderen Ressourcen zu kalkulieren, weil das Risiko groß ist, daß dieser Begriff in die Rolle eines Imagefaktors oder moralischen Zeigefingers gerät und in dieser Funktion verkommt. Jedem Unternehmen, das sich ernsthaft um die Gestaltung seiner Zukunft bemüht, schadet das langfristig in Mark und Pfennig. Denn Prozesse, die innovatives Verhalten anstoßen, werden durch falsches „verantwortliches" Handeln eher gebremst denn gefördert. Ein Unternehmen kompetent zu führen zeichnet sich dadurch aus, daß die verantwortlichen Manager in der Lage sind, eine Kultur verantwortlichen Handelns zu gestalten und deren prozeßhafte Dynamik im Kontext innovativer Entwicklungen zu optimieren.

Verantwortliches Handeln ist einem Betrieb dann nützlich, wenn es dessen innovative Dynamik kontinuierlich unterstützt. Sie bildet die Grundlage für Verhaltensmuster, die in der Lage sind, innovative Entwicklungen über alle Managementebenen hinweg im Sinne nachhaltiger Wertschöpfung zu qualifizieren.

Verantwortung – ein dynamischer Prozeß

Die größten strategischen Fehler passieren im Umgang mit der Dynamik verantwortlicher Prozesse. Viele Firmen reduzieren diese auf einen wichtigen, doch vergleichsweise simplen Nutzen: Sie beschränken sich darauf, Aufgaben zu delegieren. Das System zu delegieren reduzieren sie auf Arbeitsteilung, -ordnung und -kontrolle (Kieser, Kubicek, 1992). Dies bezeichnen sie dann gern mit dem Begriff, „Verantwortung zu übertragen". Dabei vernachlässigen diese Unternehmen, die Fähigkeit zur Verantwortung als kontinuierlichen Prozeß zu initiieren. Als Prozeß, der darauf abzielt, Potentiale der Wertschöpfung im Hinblick auf gegenwärtige und künftige Herausforderungen zu optimieren.

„Verantwortung zu übertragen" bedeutet unter solchen Vorzeichen oft nur, Kompetenzen festzulegen, die im Rahmen organisatorischer Strukturen verteilt - und verteidigt - werden. Das heißt, unternehmerische Aufgaben auf hierarchisch höherstehender Ebene zu zergliedern und auf nachgeordneter Ebene zu erfüllen. Die Ökonomieprinzipien Taylors (1911) wie der Bürokratieansatz von Max Weber (1972), in denen formal zugewiesene Kompetenzen wichtiger erscheinen als die Menschen, die sie erfüllen, haben sich unter gewissen Bedingungen bewährt. Ihr Nutzen liegt in den überschaubaren, klar definierten Strukturen von Arbeits- und Organisationsprozessen. Darin ist ein folgenschwerer Irrtum enthalten, indem ihr Nutzen auch mit dem Bild von delegierter „Verantwortung" assoziiert wird. „Verantwortung" entfaltet ihren besonderen Wert für ein Unternehmen jedoch erst, wenn sie über bloße Verfahren der Delegation hinaus zu einem kulturprägenden, dialogischen Prozeß führt.

Schon die alltägliche Sprache ist da erhellend: Was es bedeutet, von einem „Prozeß der Verantwortung" zu sprechen, läßt sich am Wortstamm des Begriffes ablesen. Verantwortung schließt „Antwort" mit ein. Noch deutlicher ist das in der englischen Sprache zu erkennen: „Responsibility" – die Fähigkeit, Antwort zu geben („response-ability", siehe auch den lateinischen Wortstamm „respondere“ – antworten, vgl. Websters New Encyclopedic Dictionary, 1994).

Verantwortung zu übertragen oder zu übernehmen, meint im ursprünglichen Sinn einen dialogischen Prozeß zu initiieren, einen unternehmerischen Kontext, ein betriebliches Klima zu erzeugen, in dem die „Fähigkeit zur Antwort" zum entscheidenden Kriterium wird. Diese Fähigkeit zur Antwort setzt zweierlei voraus: zum einen die Situation, die es erlaubt, Antwort zu geben oder einzuholen. Zum anderen die Kompetenz, die es ermöglicht, auf Fragen, die anstehen oder im Dialog entstehen, eine qualifizierte Antwort zu geben.

Durch die kommunikative, prozeßhafte Qualität verliert „Verantwortung“ den statischen Charakter, den die Delegation oft entfaltet, und gewinnt an eigenständiger Dynamik. Sie wird selbst zum Element innovativen Gestaltens: Wenn die „Fähigkeit zur Antwort“ auf Führungs- wie auf Teamebene respektiert wird, ist der Prozeß einer innovativen, zukunftsorientierten Entwicklung nicht länger ein programmatischer Ablauf von „oben nach unten“. Sondern eine Entwicklung, in der Dialog zur strategischen Ressource wird.

Warum? Die Pflege der Kommunikation und dialogischen Kultur setzt voraus, daß unterschiedliche Perspektiven und Ansätze für künftige Lösungsmodelle nicht vereinheitlicht und versimpelt, sondern gerade in ihrer Unterschiedlichkeit gezielt stimuliert werden. Das ermöglicht im zweiten Schritt, verschiedene Facetten eines Problems wie seiner Lösung zu durchleuchten – mit dem Ziel, sie konstruktiv zu nutzen, um Innovationsprozesse nicht stets nach den gleichen Mustern zu formen, sondern über innovative Ziele hinaus auch passende innovative Methoden und Instrumente zu gestalten.

Verantwortung, die als Prozeß aufbereitet wird, ermöglicht einem Unternehmen Führung durch intelligente Kommunikation: Die Basiskompetenzen dazu sind die Selbstreflexion, soziale Intelligenz und der innere Dialog.

Betrachtet man Verantwortung als strategische Ressource, dann liegt ihr Wert darin, daß sie innovative Prozesse in ihrer inhaltlichen Zielsetzung wie in ihrem dynamischen Ablauf optimieren hilft, indem die Ideen und Potentiale, aber auch die Sorgen der verschiedenen Beteiligten und Betroffenen ernst genommen und in ihren gegenseitigen Wirkungen verstanden und hinterfragt werden.

Mit der Ressource „Verantwortung" umzugehen heißt, die verschiedenen Bedeutungen verstehen zu lernen, die innovatives Handeln angesichts unterschiedlicher Aspekte der „Wirklichkeit" erfährt. Dies ist vor allem wichtig, wenn Innovationen erfolgreich sind. Gerade dann verändern sie den Kontext, aus dem heraus sie ursprünglich hervorgingen. Und verwandeln das Umfeld, in dem sie wirken. Was Innovationen für ihre Umwelt bedeuten, wird durch deren ursprüngliche Ziele keineswegs starr festgeschrieben. Der Sinn einer Innovation verändert sich mit deren Prozeß, im Hinblick auf die eigene „innere" Umwelt im Unternehmen wie dessen „äußere" soziale Umgebung, etwa zu Kunden, Partnern oder Konkurrenten.

Das Produkt eines verantwortlichen Dialogs besteht darin, Innovationen nicht nur zu planen, sondern die Faktoren zu erkennen, die Einfluß nehmen, den Kontext einer Innovation selbst verändern, und sie als zusätzlichen Innovationsmotor zu nutzen. Als dialogische Kultur hat „Verantwortung" zum Ziel, Innovationen in ihrem Aufbau und Ablauf, ihrer Ausrichtung und Dynamik ins Lot zu bringen. Wenn dies gelingt, entsteht Wertschöpfung durch Verantwortung.

In solchem Vorgehen liegt eine andere Qualität innovativen Handelns, als es durch programmatische Verfahren allein zu erreichen wäre: Die Dynamik der Verantwortung, und damit der innovationsfähigen Unternehmenskultur, fördert – je nach Qualität – Austausch und Reflexion aktiv, läßt diese zu oder verhindert sie.

Wer im betrieblichen Kontext Verantwortung delegiert, übernimmt deshalb die „Verantwortung für die Qualität der Verantwortung". Diese umfaßt Inhalt und Dynamik der Prozesse, durch die durch Delegation und Dialog stattfinden.

Eigenverantwortung – Ausdruck sozialer Intelligenz

Unter variablen Vorzeichen wirkt sich „Verantwortung" im Unternehmen konstruktiv oder auch destruktiv aus. Als konstruktiv erweist sie sich, wenn sie im betrieblichen Verhalten die Beziehungen zwischen Menschen, deren Dialog und ihre Art, Probleme zu lösen, bestmöglich unterstützt. Destruktiv wirkt sie, indem sie zu paradoxen, lähmenden Handlungsmustern führt. In ähnlicher Weise ist auch die Rolle der „Eigenverantwortung" zu einem zentralen Thema geworden, seit viele Firmen sich auf den Wert selbstorganisierender Teams besinnen. Überlegungen zum fortschritts- und lernfähigen Unternehmen oder zur lernenden Organisation (Senge, 1990; Sattelberger, 1995) haben hier wichtige Erkenntnisse geliefert. Wenn es aber um die Kompetenz zur Eigenverantwortung geht, stellt sich wiederum die Frage nach der Qualität und Dynamik, die Eigenverantwortung als Prozeß beschreibt. Diese zu entwickeln heißt, sich den künftigen Herausforderungen eines Unternehmens selbständig und kompetent zu stellen.

Um das zu erreichen, investieren die Bildungsabteilungen zahlreicher Unternehmen viel Geld, um ihren Führungskräften und

Mitarbeitern umfassende fachliche, methodische und insbesondere soziale Kompetenzen zu vermitteln. Solche Angebote wären hilfreich, würden sie nicht häufig einen charakteristischen Mangel aufweisen:

Meist sind sie als Baukastensysteme organisiert – und als solche zu standardisiert, um selbständiges und „intelligentes", also vorausschauendes, langfristig verträgliches und problemadäquates Verhalten zu fördern. Statt dessen liefern sie Modelle, wie sich Mitarbeiter entlang vorgenormter sozialer Schablonen verhalten können. Diese mögen geeignet sein, um im Sinne eines ökonomischen Prinzips unternehmerische Standardsituationen wie auch immer wiederkehrende, betriebliche Standardkrisen zu bewältigen. Das ist als marginaler Kompetenzgewinn zu bewerten. Ein solcher kann sich im Umfeld echter Innovationsprozesse jedoch als äußerst störend oder restriktiv erweisen. Die gelernten Schablonen ermöglichen eine Form der sozialen Kompetenz, die äußeren Modellen nachempfunden ist. Sie fördern zu wenig die Fähigkeit zum eigenverantwortlichen Handeln, das aus sich selbst Potentiale zu schöpfen vermag, um mit unbekanntem Innovationsdruck oder innovativen Krisen umgehen zu können.

Soziale Kompetenz gewinnt in den Köpfen der Unternehmens- und Führungsverantwortlichen seit längerem an Bedeutung. Soziale Fertigkeiten gehören zum betrieblichen Pflicht- und Basisrepertoire. Ihr Wirkungsgrad zielt in der Regel auf die Bewältigung anstehender oder künftiger Probleme ab. Teamentwicklung, Kommunikations- und Rhetoriktrainings, Konfliktmanagement und etliche andere Maßnahmen verbessern den Umgang miteinander oder mit kritischen Situationen.

Das Bemühen um eine Optimierung fachlicher und sozialer Kompetenzen bleibt aber häufig unbefriedigend, weil es Manager auf den Umgang mit zunehmender Komplexität von gesellschaftlichen und marktorientierten Verflechtungen sowie deren Wandlungsprozessen zuwenig vorbereitet. Des weiteren genügt das Training von sozialen Kompetenzen oft nicht, um Führungskräfte und Mitarbeiter gut auf die Komplexität vorzubereiten, die innovative Prozesse selbst nach sich ziehen. Risiken und Turbulenzen zu beherrschen heißt, verflochtene Entwicklungen zu durchschauen und steuern zu lernen.

Manager und Mitarbeiter brauchen dazu Fähigkeiten, die zumeist jenseits des Standard-Bildungsangebotes liegen. Sie brauchen Potentiale, die geeignet sind, um komplexitätstaugliche Strategien in Handlungswissen übersetzen zu können. In Diskussionen mit Personalverantwortlichen wird das Mißverhältnis immer wieder angesprochen, daß Standardseminare zum Training der sozialen Kompetenz diese Potentiale nur in geringem Maß ausbilden.

Dem zu begegnen und geeignete Methoden zu generieren ist wesentlich für eine Bildungsarbeit, die der Beherrschung wachsender Unternehmens- und Umweltkomplexität vorrangige Bedeutung einräumt. Im Training der „sozialen Intelligenz" liegt der Versuch, Fähigkeiten und Potentiale eigenverantwortlichen Handelns in den Mittelpunkt zu stellen. Diese Kompetenz zur Eigenverantwortung soll dem Risiko vorbeugen, das entsteht, wenn Führungskräfte und Mitarbeiter einerseits ihre „social skills" immerzu verfeinern, andererseits den Anspruch nicht einlösen können, unwägbaren Herausforderungen der Zukunft zu begegnen und dieses „Vermögen" langfristig zu stabilisieren.

Standardisierte Bildungsmaßnahmen können auch durch ein „Mehr desselben" – weitere standardisierte Trainings – diese Kluft nicht schließen. „Soziale Kompetenzen" nach Katalog, genormte, auf Seminarschemata reduzierte Formen des sozialen Lernens sind häufig versimpelt, in der ihnen eigenen Komplexität beschränkt, auf wenige Schlagworte reduziert. Sie vermögen in dieser Form keinen Widerpart für eine erhöhte Komplexität der Umwelt abzugeben. Standardprogramme können visionäre Entwicklungen eines Unternehmens in einer sich verändernden Gesellschaft mit variablen, schnell wechselnden und komplexen Anforderungen nur zu einem geringen Teil abbilden. Gerade das zu klären ist Ausdruck der „sozialen Intelligenz" – im Sinne der Fähigkeit, „aus Erfahrung zu lernen und über das Gegebene hinaus zum Möglichen fortzuschreiten" (Zimbardo, 1978).

Die Leistung der „sozialen Intelligenz"

Aus Sicht des Unternehmens wird es zum entscheidenden Wettbewerbsvorteil, innovative Prozesse frühzeitig und proaktiv (nicht erst reaktiv) zu initiieren. Vor allem ist es wichtig, daß Innovationen nicht als Konglomerat vereinzelter, voneinander isolierter Projekte gestartet werden, sondern als unternehmensübergreifendes Multiprojekt- und Multiprozeßmanagement. Statt künftige Herausforderungen unabhängig voneinander aufzugreifen, gilt es, das sie umspannende Netzwerk mitzugestalten. Um den Wandel eines Unternehmens wirksam zu initiieren, sind Prozesse erforderlich, die multifokal, also konzentriert an verschiedenen Brennpunkten ansetzen: Die heißen Zielorientierung, Dynamik, soziale (team- und führungsorientierte) Integration. Denn der Wandel komplexer Organisationen betrifft unterschiedliche Zielsysteme, die ihre spezifische Dynamik entfalten und die soziale Vernetzung nach „innen" und „außen" beeinflussen. Im Sinn des Varietätsgesetzes von Ashby (1962) wäre es verhängnisvoll, dies zu ignorieren. Vielmehr muß die „Varietät" eines Unternehmens, als einem System, mindestens so groß sein wie die Varietät seiner Umgebung, damit das Unternehmen auf künftige Probleme gut vorbereitet ist und sie vernünftig lösen kann. Dazu gehört auch, daß die unternehmerische Varietät wenigstens so ausgeprägt ist wie die Varietät der möglichen Störungen, die auf einen Betrieb wirken können. Die weitverbreitete Haltung, Komplexität wann immer möglich zu reduzieren oder gar zu simplifizieren, ist bedenklich. Sie erleichtert den Überblick, weil dann nur wenige Aspekte zu bedenken sind, mindert zugleich aber die Potentiale, die Zukunft zu meistern und wertvolle Chancen richtig zu nutzen.

Ein Unternehmen ist im Vorteil, wenn es künftigen Herausforderungen mit einem hohen Maß innerer Komplexität begegnen kann. Und wenn es in der Lage ist, diese Komplexität auch systematisch zu erzeugen. Dann vermag es auf vielfältige Anforderungen ebenso gezielt wie dosiert zu reagieren. Im Vergleich dazu liegt die Kompetenz, die sich auf einige wenige, einfältige

Verhaltensmuster stützt, in der Auseinandersetzung mit einer komplexen Umwelt oftmals daneben. Das erfordert in der Konsequenz, diejenigen Informationen zu gewinnen, die noch unbekannt, aber nötig sind, um wesentliche Aspekte der Zukunft zu verstehen. Und sie dann in Strategien innovativen Handelns zu übersetzen. Eine derartige Informations- und Entscheidungsqualität bereitzustellen oder im Bedarfsfall gezielt entwickeln zu können zeichnet die „soziale Intelligenz" eines Unternehmens und seiner Mitarbeiter aus.

Die soziale Intelligenz beinhaltet Fertigkeiten der sozialen Kompetenz. Aber ihre Wirksamkeit liegt vornehmlich darin, Kommunikations- und Informationsprozesse in ein „innerlich gesteuertes" Netzwerk zu überführen. Ein Netzwerk, das in den Köpfen der Beteiligten sowie in ihren sozialen Beziehungen als aktive Ressource präsent ist oder als latente Ressource schnell aktiviert werden kann, um einen „inneren", selbstreflexiven Dialog anzustoßen. Das dient dem Zweck, mentale und soziale Netzwerke für intelligente Kooperationen und innovative Handlungsstrategien zu nutzen, die schließlich in der Lage sind, ihren „Fit" (Stäudel, 1987), also das Verhältnis zwischen Ausgangssituation, Ansprüchen aus dem Umfeld und Interaktionspotentialen, selbständig zu verändern und ihn für ungewohnte Situationen oder neue Anforderungen zu optimieren.

Eigenverantwortung heißt, das Prinzip des „inneren Dialogs" zu fördern: zu verstehen, warum man etwas in einer bestimmten Weise versteht. Oder aus welchem Zusammenhang heraus sich welches Bild, welcher Sinn, welche Bedeutung ergibt.

Dieses Prinzip entspricht der Fähigkeit, gleichsam in einen „Hubschrauber" zu steigen, über dem Terrain zu schweben, auf dem man aktuell operiert, und von dort diejenigen Zusammenhänge wahrzunehmen, die aus der subjektiven „Bodensicht" heraus verborgen bleiben.

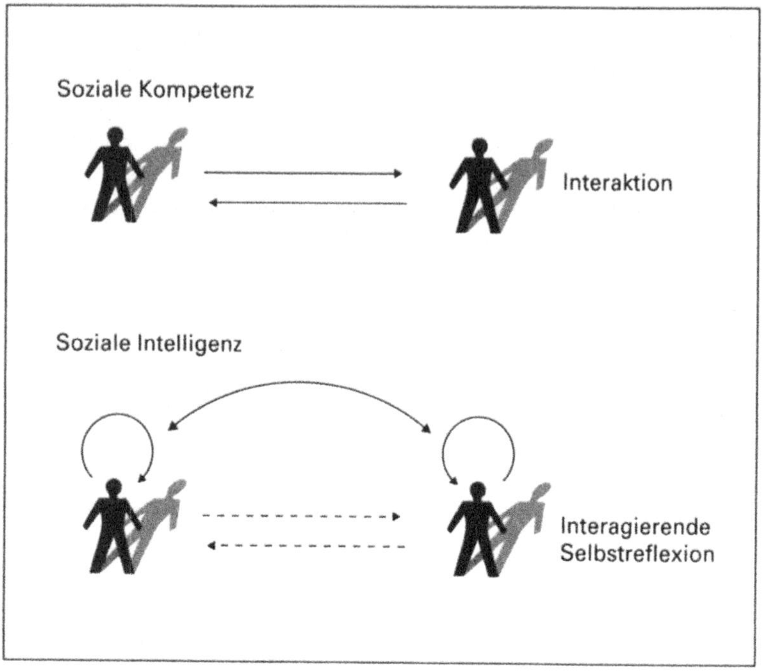

Soziale Intelligenz

Eigenverantwortung als inneren Dialog zu führen heißt auch, durch abgestufte „Flughöhen" Metaperspektiven zu erzeugen, also Perspektiven über Perspektiven. Diese Vorgehensweise führt zu einer systematischen Variation von Perspektiven. Dabei kann sowohl der inhaltliche Blickwinkel, „die Richtung des Anfluges", gezielt verändert werden als auch der Überblick im Sinne von Nähe und Distanz zu einem Problem, „die Anflughöhe", als auch die Kombination aus beiden Ansätzen.

Dieses Vorgehen setzt aber noch eine weitere Metaperspektive voraus: die Beobachtung, von welcher „Flughöhe" aus die Beobachtung des „Bodens" oder aktuellen Geschehens erfolgt. Es gilt zu erkennen, welche unterschiedlichen Informationen durch die Variation der „Flughöhe" verfügbar werden und was sie für die Operation „vor Ort" bedeuten. Damit erwächst die Kompetenz

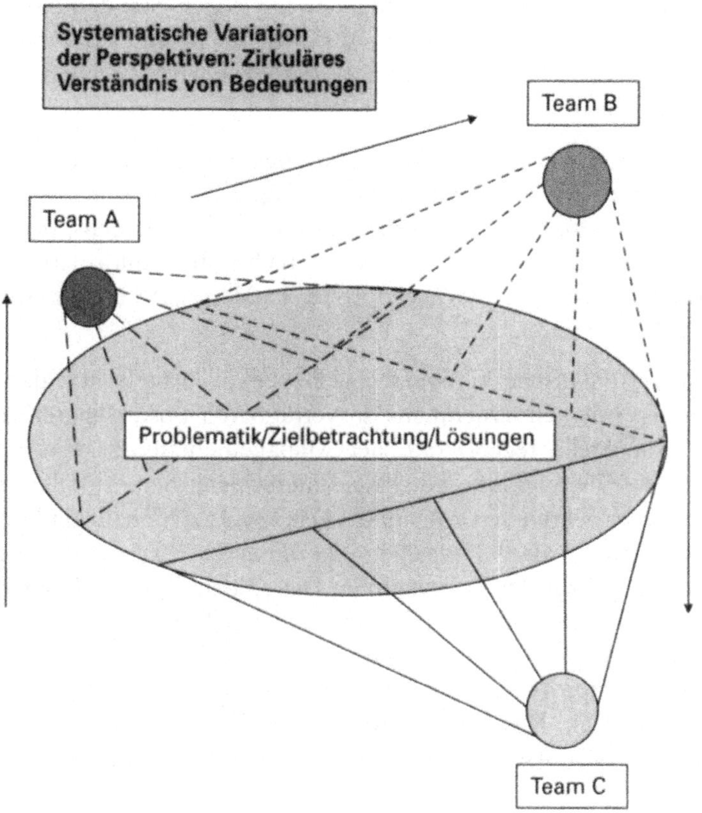

Neue Perspektiven, differenziertes Zielverständnis und innovative Lösungskonzepte werden gewonnen durch

a) gezielte Änderung des Blickwinkels gegenüber einer Problemstellung und
b) gezielte Änderung der Distanz zur Problematik und einzelnen Lösungsoptionen

Systematische Variation von Perspektiven

zur Eigenverantwortung in erster Linie aus einem Wahrnehmungstraining, das die Beobachtung des jeweiligen Standpunktes der Beobachtung miteinschließt. Wird diese Kompetenz trainiert, vermag sie differenzierte Informationen gezielt zu gewinnen und zu vernetzen.

In der Fähigkeit, diesen Wahrnehmungs- wie Informationsprozeß zu führen, liegt die Kernkompetenz eigenverantwortlicher, intelligenter Teams. Diese Wahrnehmungs- und Verhaltenspotentiale intensiv zu trainieren erzeugt wesentlich höhere informative Ressourcen, als sie je durch genormte, katalogisierte Hilfen erreicht werden könnten.

Die systematische Variation von Perspektiven bereichert das Reservoir eines Unternehmens an verfügbaren Lösungspotentialen. An die Stelle technokratischer Managementansätze tritt deren gezielte Überwindung mit Hilfe unterschiedlicher, „zirkulär" provozierter Sichtweisen. Von außen genormte Lerninhalte und standardisierte Lösungen weichen der „inneren" Kompetenz eines Unternehmens. Diese entsteht im Dialog eines Unternehmens mit sich selbst und seiner Umwelt, um optimale Strategien innovativen Handelns zu erarbeiten. Es erfordert, seine Dynamik an erforderliche Lernprozesse innerhalb und außerhalb der Organisation anzugleichen. Das kann die verfügbare Qualität der Team-, Führungs- und Entscheidungskompetenz erheblich steigern.

Die soziale Intelligenz zu entwickeln ist selbst ein prozeßhafter Vorgang mit variablen Mustern. Sie zu lernen bedeutet für eine Organisation, modellhaft einen höheren Grad an innerer wie an äußerer Flexibilität zu gewinnen.

Das nützt bei Entscheidungen, die an weitreichende, visionäre Entwicklungen anknüpfen und eine hinreichende Unabhängigkeit von unmittelbar wirksamen Faktoren voraussetzen. Aus diesem Blickwinkel ist soziale Intelligenz die Kunst, die Dynamik von Unternehmens- und Umweltfaktoren unter gegenwärtig wirksamen sowie unter variablen, veränderten Bedingungen mit unterschiedlichen Fern- und Nebenwirkungen abschätzen zu lernen. Die Fähigkeit, den Prozeß des inneren Dialogs im Wechselspiel mit „äußerlich" beobachtbaren Merkmalen innovativer Abläufe immer wieder neu zu beleben, kann als Grundbaustein sozialer Intelligenz und somit erhöhter Eigenverantwortung angesehen werden. Eigenverantwortung entwickelt sich auf diese Weise zu einem prozeßhaften Verhalten, das in besonderem Maße als strategische Ressource dient. In der Entwicklung dieses Potentials liegt ein weiterer Erfolgsfaktor für Unternehmen.

Balance zwischen Chaos und Erstarrung

Die „Verantwortung" als ein Prozeß, der Ziele und deren Realisierung unterstützt, wird noch zu untersuchen sein: Wie geht ein Unternehmen mit seinen Visionen um, wie gestaltet es seine Ziele und damit die Kontinuität des Handlungsstroms? Wie leitet es daraus Projekte und Prozesse ab, die Veränderungen wirksam werden lassen?

Vorher ist eine andere Seite dialogisch verantwortlichen Handelns zu klären. Die Verantwortung, die über ethischen Anspruch oder ein aufgabenorientiertes Ziel hinausgeht, hat eine weitere Aufgabe:

Sie verhandelt den besten Weg und das geeignete Tempo, um die für ein Unternehmen zuträgliche Balance zwischen Tradition und Veränderung zu finden.

Im Prozeß des Lernens verändert sich das Optimum seiner Balance. Das Optimum in der Beschleunigung von Lernprozessen ist nicht stetig, sondern unterliegt selbst einem Wandel. Ein bestimmtes Lerntempo kann sich in unterschiedlichen Lernphasen als zu schnell oder zu langsam erweisen. In beiden Fällen würde es den Erfolg von Lernprozessen gefährden. In der Balance der

Dynamik von Lernprozessen liegt ein Wertschöpfungsfaktor, um Innovationen zum Gelingen zu führen und angestrebte Resultate zu erreichen.

Diese Relation und ihre Konsequenzen für eine vorteilhafte Dynamik des Lernens zu bewerten und sie aus einer „Vogel- oder Hubschrauberperspektive" immer wieder neu zu finden ist eine wesentliche Aufgabe der prozeßorientierten Verantwortung. *Sie vermittelt den Ausgleich zwischen gegensätzlichen, riskanten Tendenzen einer Organisation. Diese liegen in der Gefahr, auf der einen Seite durch fixe Regelungen zu sehr zu erstarren, andererseits durch zu viele aufeinanderfolgende Veränderungen in ein institutionalisiertes Chaos abzustürzen.* Eine Innovation zu beschleunigen, ebenso wie sie auf einem bestimmten Niveau zu stabilisieren, bedeutet einen Prozeß voranzutreiben, der sich in verschiedene Richtungen bewegt, mit dem Ziel, einen Zustand zu überwinden oder, im anderen Fall, zu festigen. Beide Phasen, Beschleunigung wie Stabilisierung, können aber auch zu einem permanenten Zustand werden.

Mit der Folge, andauernd chaotisch zu sein oder unverrückbar fest zu erstarren. Für die Qualität der Verantwortung in einem Unternehmen hat das nachhaltige Konsequenzen.

Was bedeutet es, „Verantwortung für die Balance" von Innovationen im Unternehmen zu übernehmen? Dieser Zusammenhang scheint, dem Ablauf von Prozessen folgend, zunächst einfach zu sein: Da ist zu klären, wer Innovationen initiiert, wer sie im Umfeld vorhandener Strukturen implementiert. Wer neue Prozesse und Strukturen generiert. Wer dafür sorgt, daß sie in den verzweigten Abläufen einzelner Projekte greifen.

Aber die „Fähigkeit zur Antwort", die gehalten ist, unterschiedliche Ansprüche und verfügbare Kompetenzen zu integrieren, muß ebenso in der Lage sein, ein *„Fließgleichgewicht" zwischen Beteiligten und Betroffenen* herzustellen. Das heißt, den Kontext derer abzugleichen, die Innovationen auslösen, mit dem Kontext derer, die von Innovationen betroffen sind.

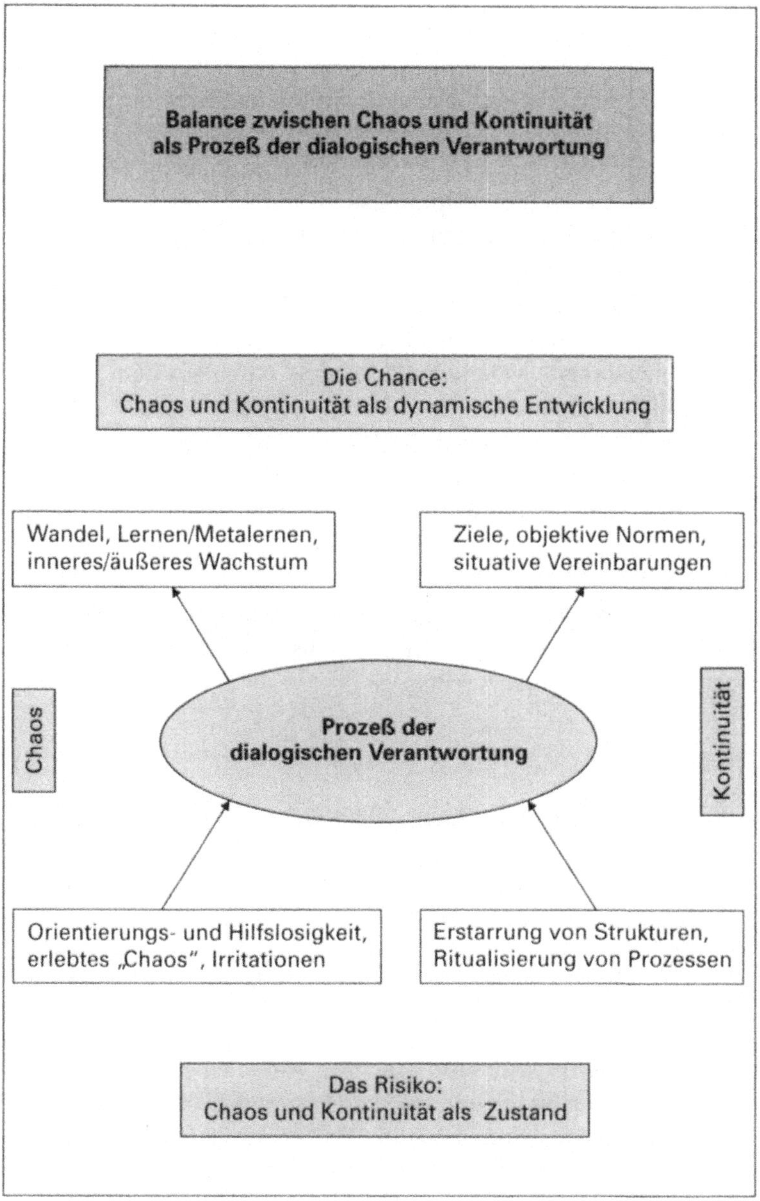

Balance von Chaos und Kontinuität

In Unternehmen, die das nicht beachten, kippen innovative Prozesse häufig um. Es kommt gerade bei qualitätsorientierten Innovationen leicht zum plötzlichen, kaum kalkulierbaren Bruch. Mit Macht vorangetriebene Reorganisationsprozesse erleiden eine Art Strömungsabriß und werden von Mitarbeitern bloß noch formal abgewickelt oder im Spannungsfeld von Widerstand und Lustlosigkeit zerrieben. Die anfängliche Begeisterung mündet in Unmut, in dem Widerwillen, Resignation und Enttäuschung das Klima prägen. Was führt zu diesem Bruch? Innovationen entstehen in einem bestimmten Umfeld. Gerade dann, wenn sie sich erfolgreich „auswirken", verändern sie den Kontext, aus dem heraus sie ursprünglich entstanden. Sie berühren weitere Flächen der Organisation und ihrer Umwelt, wirken in andere Bereiche hinein. Ihr „Hof", ihr Wirkungsspektrum dehnt sich aus. Damit verändern sich ihre Grenzen. Innovationen beeinflussen den Grad, aber auch die Art und Qualität des Engagements derer, die beteiligt und betroffen sind. Dieser Prozeß vollzieht sich nicht immer kontinuierlich. Damit eine Innovation gelingt, müssen die Phasen der innovativen Bewegung und Konsolidierung auf den Gesamtkontext hin ausgerichtet werden.

BEISPIEL

Am Beispiel eines Elektronikkonzerns soll das verdeutlicht werden: Bei dem nervösen Versuch, mit internationalen Veränderungen Schritt zu halten, wurden dort binnen weniger Jahre die Register fast aller Strategien gezogen, die auf dem Markt für innovative Unternehmensstrategien kursieren: Von Lean Management über Teamorganisation zu TQM und Reengineering, um nur die populärsten zu nennen.

In der Summe initiierte das Unternehmen in dieser Zeit ein halbes Dutzend „neuer" Reorganisationsprozesse. Im statistischen Durchschnitt bedeutet das etwa alle vier Monate eine neue Welle „grundlegender" Unternehmensreformen, die sich nach Prioritäten ablösen oder einfach überlagern. Dem Image nach könnte das Unternehmen eines der modernsten der

Branche sein, hat es doch nichts ausgelassen, was kompetitive Fähigkeiten im internationalen Vergleich steigern sollte – wären da nicht die Betroffenen, also die Führungskräfte und Mitarbeiter. Sie haben das Feuer der ursprünglichen Begeisterung längst hinter sich gelassen. Ihre Haltung ist eine andere geworden: die des Wegduckens. Der Aufbruch in die Zukunft wird abgelöst vom Gefühl, besser im „Schützengraben" auszuharren. Reorganisation wird erlebt als eine Welle, eine Feuerwalze, der man tief geduckt am ehesten entkommt. Mit bestechender Logik werden die Argumente dafür vorgetragen. Es lohne nicht, so die verbreitete Auffassung, sich auf Veränderungsprozesse wirklich einzulassen. Die nächste Welle stehe bald vor der Tür und mache den bisherigen Erfolg und Aufwand an Energie zum Teil wieder zunichte. Statt Mitarbeiter zu motivieren und für innovative Prozesse zu begeistern, erleidet das Unternehmen Frustration und Stagnation. Aus der Sicht der Betroffenen wurden diese Veränderungen zum Selbstzweck, zu einem permanenten Zustand, der nur unnötig Energie verschleißt. Innovationsfähigkeit als Potential für die Zukunft zu fördern, war die Absicht des Betriebs – die sozialen und mentalen Ressourcen, vor allem die Motivation unnütz zu verbrauchen, sein Ergebnis. Wem nutzen innovative Strategien auf Hochglanzpapier, wenn sie von Führungskräften und Mitarbeitern nicht getragen, nicht zum Leben gebracht werden? Und welcher „Wert" läßt sich dann noch aus ihnen schöpfen?

Was war passiert? Die Geschäftsleitung hatte Veränderungen angeordnet, ohne Verantwortung im Sinn eines „inneren", perspektivisch vielseitigen Dialogs zu übernehmen oder Verantwortung im Sinn dialogischer Unternehmenskultur zu pflegen. Entscheidungen wurden von oben getroffen und überwiegend von außen unterstützt. Die „Verantwortung", dies durchzusetzen, wurde in dem Sinn „nach unten" delegiert, daß Veränderungen entlang vorgezeichneter Empfehlungen zu implementieren, die Resultate nach fixen Zielvorgaben zu kontrollieren waren.

Aber die Geschäftsleitung blieb eine Antwort darauf schuldig, was eine optimale Beschleunigung des Lernens im Unternehmen bedeutet. Es unterblieb jegliche Kommunikation darüber, was im Hinblick auf die Balance der innovativen Dynamik zuträglich sei oder aus dem Kontext der Betroffenen heraus optimiert werden könnte. Das Verständnis der guten Dosierung, der möglichen Synergien wie auch konfliktärer Entwicklungen wurde nicht im Dialog „vor Ort", sondern bestenfalls auf dem Reißbrett entwickelt oder entlang von vorgefertigten Schemata, in den Büros spezialisierter externer Berater. Aber nicht dort, wo Veränderung und Verantwortung greifen sollten. So kann es nicht überraschen, wenn statt qualifizierter Selbstorganisation und höherer Motivation lediglich das Risiko vermehrter innerer Kündigung steigt, sobald der Druck von außen irgendwann weicht.

Solange Bewegung einen *Prozeß* der Veränderung beschreibt, provoziert sie den Wertewandel einer Organisation, neue Strukturen, Einstellungen, Verhaltensweisen (Malik, 1992; Hauschildt, 1993). Als krisenhaftes Ereignis führt sie von einem Zustand über in einen anderen. Eine destruktive Wahrnehmung von Chaos entsteht, wenn der Prozeß der Bewegung sich ungerichtet verselbständigt, unbeherrschbar turbulent und in seinen Konsequenzen unvorhersehbar wird. An die Stelle von Krise und Wertewandel tritt dann der subjektive Eindruck von Kontrollverlust, Ohnmacht, Orientierungs- und Hilflosigkeit. Mitarbeiter und Führungskräfte zeigen dann oft die Tendenz, rigide zu reagieren, um sich gegen eine Situation aus ständiger Überforderung und Verunsicherung zu schützen.

Chaos kann nicht grundsätzlich, sondern nur unter bestimmten Voraussetzungen kreativ genutzt werden: dann, wenn es aus dem Zustand und Erleben der Hilflosigkeit überführt wird in einen Prozeß des aktiven Wandels und Gestaltens. „Chaos" als modisches Dogma scheinbar innovativer Unternehmensführung erweist sich als unsinnig, wenn es bis hin zum Selbstzweck getrieben und als sozial erwünschter Zustand etabliert wird.

Der „Verantwortung“ als Element der Unternehmenskultur fällt die Aufgabe zu, denjenigen Dialog in Gang zu setzen, der Bewegung als Prozeß aufrechterhält und das Unternehmen vor dem Zustand chaotischer Ohnmacht bewahrt. Diese Balance markiert das vielleicht wichtigste Kriterium, Verantwortung qualitativ zu entfalten:

Veränderungen von innen zu kommunizieren wird wichtiger als von außen zu dirigieren. Lernprozesse mit Rücksicht auf gegenwärtige wie künftige Kontexte zu optimieren wird bedeutsamer als Strategien mit Hilfe vorgefertigter Module zu standardisieren.

Statt das Unternehmen und seine Mitarbeiter reaktiv zu überfordern, geht es darum, sie proaktiv vorzubereiten, um innovative Herausforderungen zu erkennen und sensibel-nachdrücklich aufzugreifen, sie für die richtige Dosierung innovativer Beschleunigung empfänglich zu machen.

Auch die Kehrseite innovativer Bewegung folgt einem ganz ähnlichen Prinzip: Kontinuität und Konsolidierung als Prozeß führt zur Gewöhnung oder zur Bildung von Regeln. Veränderte Strukturen, Aufgabenfelder, Verhaltensweisen werden vertraut. Das erleichert den Umgang mit neuen Formen der Organisation. Schließlich führt Konsolidierung auch dazu, Verhaltensmuster auszubilden, die der neuen Situation entsprechen und den Umgang miteinander erleichtern. Hier wird Konsolidierung hilfreich sein, um Veränderungsprozesse auf längere Sicht wirksam greifen zu lassen (Lefrançois, 1976).

Erstarrung tritt ein, wenn die prozeßhafte Bewegung, die Reflexion, der innere Dialog zum Erliegen kommen. Wenn das Fließgleichgewicht des Wandels aufhört und Verhaltensmuster im Strom der dialogischen Kultur verkrusten. Dann drohen ganze Unternehmensbereiche wie nach einem Infarkt abzusterben. Verhaltensmuster können einen etablierten Status quo zementieren und ihren Sinn für die weitere Entwicklung eines Unternehmens verlieren. Auch hier ist es die prozeßorientierte Verantwortung, die derart verklumpte Inseln im Unternehmen aufgreift und zurückführt in eine sinnvolle Beziehung von gewachsenen Gewohnheiten, Regeln und einer innovationsverträglichen Erneuerung.

Optimierung statt Maximierung

Gelegentlich führen Manager ihr Unternehmen so, als würden sie auf dem Prater zu Wien einige Runden Go-Kart fahren: zu Beginn etwas unsicher und wackelig, bis die Kurvenführung vertraut erscheint, und dann die komplette Runde mit dem Gaspedal zum Anschlag gedrückt. Ein ums andere Mal, ohne das Vollgas wegzunehmen. Nicht ganz einfach, aber schön geräuschvoll und ein echter Kitzel für den sportlichen Ehrgeiz. Das „Ziel" liegt dann nicht in einem realen Resultat, sondern in der Fahrweise an sich: mit vollem Tempo durch alle Runden.

Leider vertragen nicht alle Firmen die Dynamik eines Spielwiesen-Rennens. Und nicht jeder Crash, den sich ein Unternehmen leistet, endet glimpflich in einem Strohballen. Für manche Führungskräfte scheint dieser Unterschied nicht ganz leicht verständlich zu sein. Sie folgen dem Prinzip, stets zu maximieren: möglichst schnell, möglichst viel, möglichst einfach. Nun könnte das durchaus Sinn machen, wenn ein Unternehmen so einfach zu beherrschen wäre wie eine Go-Kart-Piste. Ihren Bahnen kann man, einmal geübt, ziemlich statisch folgen. Ein Unternehmen ist aber ein sozialer Organismus. Ein Gebilde, das lebt. Und dafür gelten andere Gesetzmäßigkeiten.

Wie bei jedem Organismus bedeutet maximal viel nicht optimal viel. Wer maximal viel ißt, dem wird das Menü schwer im Magen liegen. Optimal ist eine andere, verträglichere Dosis.

Manche Führungsmannschaft leistet sich bei der Optimierung von Prozessen einen Fauxpas im doppelten Sinne: Erstens können Veränderungen oft nicht schnell genug gehen. Innovationen werden im dynamischen Sinn jenseits verantwortlicher Verträglichkeit beschleunigt, „durchgedrückt". Greifen dann die erhofften Ergebnisse nicht schnell und deutlich genug, folgt ein harter Tritt auf die Bremse. Innovationen erhalten keine Zeit zum „Reifen". Für die Mitarbeiter werden Lernprozesse eilig durch neue ersetzt, falls eine Reorganisationsstrategie nicht schnell genug Erfolg verspricht. In der Folge entsteht, weil sich Lernen nicht durch Erfahrungen im eigenen Kontext bewähren und zu echten Verhaltensressourcen verdichten kann, eine permanente Überforderung. Und, weil einzelne Lernprozesse in kurzen Abständen immer wieder von anderen überlagert und nicht konsequent eingefordert werden, auch eine permanente Unterforderung. Überforderung, gepaart mit Unterforderung, führt über längeren Zeitraum zu erheblichem Streß. Im subjektiven Erleben spiegelt sich dieser Zustand wider durch ein Gemisch aus hektischem Aktionismus und Monotonie. Und führt zu einem außerordentlichen Verschleiß an Energie, Motivation und Fitness, einer Art „innovativem Burnout". Was bleibt, ist eine zunehmend überempfindliche und hilflose Anfälligkeit gegenüber immer geringfügigeren Störungen. Die innere Kündigung, gezieltes „Wegducken" und Desinteresse am langfristigen, visionären betrieblichen Geschehen sind die Folgen.

Der andere Fauxpas liegt im Verhältnis von Anlaß, Initiative und Innovationsziel begründet.

Die meisten Innovationsprozesse erfolgen nicht vorsorglich, aus Weitsicht begründet, sondern aufgrund krisenhafter Dringlichkeiten wie schlechterer Wettbewerbssituation, turbulenter Marktentwicklung, rezessiver Konjunktur, problematischer Ressourcenallokation. Wenn das der Fall ist, leidet der „Patient Unternehmen" meist schon eine Weile, bevor die innovative Kur einsetzt.

Aus einer Krise heraus eine Schocktherapie zu inszenieren, also vom ersten Moment an in die vollen zu gehen, ist dann aber höchst riskant: Wenn ein Segler ins Wasser gefallen und bereits unterkühlt ist, wird man ihn erst vorsichtig „auftauen“ müssen, bevor man ihn in die richtig warme Stube bringt. Den unterkühlten Kandidaten direkt auf einen heißen Ofen zu setzen ist hingegen das sicherste Mittel, seinen Kreislauf zum Kollaps zu bringen. Und wer schon länger gehungert hat, erweist sich einen schlimmen Bärendienst, wenn er sich ohne anregende Zwischenmahlzeit den Bauch vollschlägt. Ohne sorgsam dosierten Übergang kann jede, auch wohlgemeinte Therapie zu einem heillosen Schock führen. Aus einer Krise heraus Innovationen zu initiieren erfordert die behutsame Einstimmung des Kontextes, in dem eine Veränderung ansetzen soll. Dann wird eine Lernkurve sich festigen und in der Folge deutlich beschleunigen können.

Viele Unternehmen folgen einem anderen Stil: Sie schlafen bis in die offenkundige Krise und lassen alles beim alten, um dann plötzlich aufzuschrecken und im Hauruck-Verfahren alles umkrempeln zu wollen. Mit dem Ergebnis, daß wenige in ihren Reihen bereit oder fähig sind, diesen Aufbruch kontinuierlich zu tragen, zu verantworten.

Verantwortung als dialogischer Prozeß hat auch hier einen Wert: Was ist das richtige Verhältnis aus notwendiger Behutsamkeit und energischem Schub für eine Innovation? Was markiert die möglichst zügige, aber weder unter- noch überfordernde Beschleunigung organisationalen Lernens? Diese Fragen zu klären kann nur „vor Ort“ zufriedenstellend erfolgen, indem die Beteiligten die Kompetenz zur Verantwortung entwickeln. Das bedeutet, auf Fragen zur optimalen Veränderung des eigenen und organisationalen Lernens brauchbare Antworten zu geben und einzuholen. Und sie in den „inneren Dialog“ mentaler und sozialer Netzwerke zu übertragen.

Verantwortung ist kein Selbstzweck. Sie entsteht oder mißlingt, wenn es um die Implementierung visionärer Strategien geht oder um die qualifizierte Führung und Entwicklung intelligenter Teams. Und, nicht zu vergessen, um den wirksamen statt plakativen Dienst am Kunden.

Die Lernprozesse, die dies unterstützen, sind vielfältiger Natur. Es genügt nicht, einzelne spezialisierte „skills" auszubilden, um mit längst definierten Problemen fertig zu werden. Vielmehr entsteht ein Bedarf an Lernprozessen, die in der Lage sind, sich selbst zu optimieren. Ein Team oder ein Unternehmen, das sich auf innovative Entwicklungen einläßt, kann leicht scheitern, wenn es nicht lernt, die Optimierung seiner Lernprozesse eigenverantwortlich zu coachen.

Eigenverantwortliches Handeln liegt hier in der Fähigkeit, selbstcoachende Teams zu bilden und die Beschleunigung wie die Integration vielseitiger Lernprozesse zu optimieren. Ihr Tempo wie die Dynamik ihrer Vernetzung sind dabei erfolgskritische Kriterien.

„Verantwortung" als Top-down-Kontrolle

Mit hastigem Schritt kommt Ihr Chef den Flur entlang. Noch bevor er die Tür zu Ihrem Zimmer erreicht, ist Ihnen klar, was Sie erwartet: „Verantwortung übernehmen", für etwas, das er brandeilig an Sie delegiert. In letzter Sekunde. Eine Arbeit, die in alles hineinplatzt, was Sie heute sonst noch zu erledigen haben. Ob dringlich oder wichtig, wie Sie es schaffen, bleibt Ihre Sache. Schon ist er da. Ernste Miene, kurzer, hektischer Blick auf die Uhr. Kaum daß er Sie begrüßt, liegt das Bündel Arbeit auf Ihrem Tisch: „Heute noch ... dringlich ... muß sofort erledigt werden ... Sie sind mir dafür verantwortlich."

Verantwortlich? Ist er Ihr Ansprechpartner, wenn die Aufgabe unerwartet schwierig wird? Anderes statt dessen liegen bleibt? Bei anderen unangenehme Betroffenheit auslöst? Wer außer Ihnen könnte an der Lösung mitarbeiten? Wer neben Ihrem Chef ist noch damit befaßt? Für wen ist es in erster Linie wichtig, daß Sie ein gutes Ergebnis liefern? Und worin zeigt sich dies? Wer würde, und woran, zuerst bemerken, daß etwas schiefgeht? Und wie würde Ihr Chef, wie die anderen Betroffenen, darauf reagieren? Was, wenn die übertragene „Verantwortung“ so nicht zu erbringen ist?

Ist diese Situation nur heute so prekär? Oder wiederholt sie sich des öfteren? Wer ist wiederholt wofür „verantwortlich“? Fragen, die Sie in der Regel klären können? Mit Ihrem Chef oder mit anderen Mitarbeitern? In der Praxis oft nicht. Sie haben die Arbeit. Per Delegation. Und damit die „Verantwortung“.

Wie trägt „Verantwortung“ in diesem Sinn zum Scheitern innovativer Prozesse bei? Und welche Signale weisen darauf hin, daß „Verantwortung“ Innovationen eher blockiert statt sie zu fördern? In einer hierarchisch-statischen Struktur gibt es bestenfalls informell die Chance, über Zweck und Inhalt dessen, wofür man „verantwortlich“ zeichnet, mit den jeweils anderen Beteiligten oder Betroffenen zu verhandeln. Aber auch in selbstverantwortlichen Teams oder in Projektorganisationen ist ein souveräner, dialogischer Umgang mit „Verantwortung“ keineswegs selbstverständlich.

In zahlreichen Innovationsprozessen ist „Verantwortung“ der am wenigsten verstandene, wohl aber der am meisten mißbrauchte Begriff. Mißbraucht als einseitige Forderung auf hierarchischer Basis, streng einem Top-down-Modell folgend. Oder mißbraucht als leerer Appell, der kein anderes Ziel verfolgt als nur oberflächlich guten Willen zu dokumentieren. Oder mißbraucht als moralisch-kontrollierende Instanz, die den einen in besserem Licht erscheinen läßt als den anderen und nicht nach Ursache und Wirkung zu fragen braucht. Das Gebot nach „Verantwortung“ gerät auf diese Weise leicht in die Funktion des erhobenen Zeigefingers, den jemand streckt, aber ein anderer zu befolgen hat.

Das „Beziehungsgefüge“ zwischen dem, der Verantwortung einfordert, und dem, der ihre „Leistung“ zu erbringen hat, wird dadurch in gewisser Weise starr, ähnlich einem Befehlskreislauf: Anordnung, Vollzug, Kontrolle. In dieser Funktion wird das Gebot nach „Verantwortung", mit Macht gepaart, zur drohenden Geste. Oder, wenn der Ruf nach „Verantwortung" von Ohnmacht begleitet wird, zum Ausdruck einer mit dem Zeigefinger artikulierten Hilflosigkeit. Ein solcher Ruf nach Verantwortung ist stets mit einer Schwäche behaftet: Er erlaubt es zum einen, Forderungen vordergründig korrekt zu erheben und die eigene Position unantastbar erscheinen zu lassen. Wer es aber hintergründig versteht, diejenigen Prozesse zu unterbinden, die verantwortliches Handeln auslösen könnte, das man selbst gefordert hat, der vermag gut dazustehen und im selben Moment dessen Auswirkungen von sich und der Organisation fernzuhalten. Das führt zu einer Situation, deren Dynamik zersplittert. Der jeweils andere wird verantwortlich für etwas, das mittelbar das persönliche, eigene Handeln berühren sollte. Das Risiko, das Prozesse des Delegierens beeinträchtigt, zeichnet sich offen ab, wenn man vorläufig die Inhalte dessen, was delegiert wird, außer acht läßt. Und statt dessen zunächst nur den prozeßhaften Verlauf betrachtet, in dem Verantwortung sich vollzieht. Dann erkennt man häufig eine Art „dynamische Schubumkehr":

Der Fordernde entlastet sich durch Delegation. Er entzieht sich zugleich der aktiven Auseinandersetzung über Zweck, Inhalt und Dosierung dessen, wofür er Verantwortlichkeit einfordert.

Der Betroffene hingegen, der mit der Übernahme der Verantwortung betraut wurde, hat für Konsequenzen seines Handelns geradezustehen, ohne den Auftrag im Kontext seiner eigenen Situation berücksichtigen zu können. Mit dieser Vorgehensweise ist „Delegation" auf Schritte zur Arbeitsteilung beschränkt, die entlang hierarchischer Muster oder aufgrund formaler Regeln erfolgen, und nicht geeignet, den eigentlichen Sinn einer „übertragenen Verantwortung" zu erfüllen: die Situation und Kompetenz des Antwort-Gebens zu fördern.

Ein Umgang mit Verantwortung, der sich einseitig am Spannungsfeld von Aufgabendelegation und Leistungskontrolle bewegt, unterläuft deren ursprüngliche und wichtigste Bedeutung: die Fähigkeit zur antwortbildenden Kommunikation. Er zerstört die Kultur zum Dialog.

Das Abschneiden dialogischer Prozesse im Unternehmen oder die Beschränkung der Delegation auf Top-down-Anweisungen entspricht in diesem Sinne einem zutiefst unverantwortlichen Verhalten, unabhängig von der Organisationsstruktur eines Unternehmens. Es verstümmelt die Potentiale für eine Wertschöpfung, die aus einem verantwortungsbewußten Umgang mit innovativen Prozessen hervorgehen könnte.

Hier liegt der Kern für paradoxes Handeln: Jemand beansprucht „Verantwortung" und weist sie zugleich zurück, indem er delegiert und kontrolliert, eine hierarchie- oder kompetenzübergreifende Auseinandersetzung mit aufkeimenden Fragen aber verweigert.

Damit entsteht eine Einbahnstraße der Delegation, in der „Verantwortung" jemandem zugeschoben wird wie der „Schwarze Peter" im gleichnamigen Kartenspiel: Man hat sie, wird sie so leicht nicht mehr los, ist exponiert und im Fall eines unglücklichen Aufdeckens schnell der „Verlierer". Wenn jemand seiner Verantwortung nicht nachkommt, etwas schiefgeht, sind das seine Minuspunkte. Mit Konsequenzen für die Beurteilung: „Überfordert. Nicht belastbar." Jemand ist per Definition gemäß einem erstarrten Raster verantwortlich. Ohne Antwort auf offene Fragen, ohne Resonanz auf eigene Ideen.

In ähnlicher Weise bezieht sich der Prozeß der Verantwortung jedoch nicht nur auf den Umgang miteinander, im Sinne eines sozialen Ereignisses, sondern auch auf den Umgang mit den Konsequenzen eigenen Handelns.

3 Die Kompetenz zur visionären Führerschaft

Wie oft haben Sie versucht, aus persönlichen Anlaß oder im Rahmen einer Fortbildungsveranstaltung, sich über Ihre eigenen Visionen Aufschluß zu geben? Über Ihre Visionen wohlgemerkt, nicht über Ihre Ziele! Vielleicht haben Sie bisher nur über Ihre Ziele, nicht über Ihre Visionen nachgedacht. Ein kleiner Test: Versuchen Sie, auf die folgenden Fragen Antwort zu geben:

- Wie wird Ihr persönliches Leben in 10 bis 20 Jahren aussehen?
- Wie das Ihrer Familie?
- Was werden Sie auf keinen Fall anstreben, was werden Sie unbedingt tun?
- Wenn Sie eine Wahl haben, wofür werden Sie sich entscheiden?
- Wie entwickelt sich die Zukunft Ihres Unternehmens in den nächsten 20 bis 30 Jahren? Wie die Ihrer Abteilung innerhalb des Unternehmens im gleichen Zeitraum?
- Was soll Ihr Betrieb dringend initiieren, was unterlassen?
- Welche Rolle spielen Sie dabei – innerhalb oder außerhalb der Firma?
- Was müssen Sie in dieser Zeit selbst lernen, um der Zukunft nicht hinterherzuhinken, sondern ihr eine Nasenlänge voraus zu sein?
- Wie können Sie erfahren, welche künftigen Fähigkeiten Sie brauchen, von denen Sie jetzt vielleicht noch gar nicht wissen, worin diese im wesentlichen bestehen?

Diese Fragen für Ihre künftige Entwicklung ernst zu nehmen, ist zunächst sinnvoll, sie sagen jedoch nichts darüber aus, ob Ihre Betrachtungsweise, Ihr Nachdenken sich an Zielen oder Visionen orientiert. Um das zu klären, wechseln Sie Ihre Betrachtungsebene: Fragen Sie sich jetzt, aus welcher Perspektive Sie versucht haben, Ihre Antworten zu formulieren. Hier lassen sich zumindest zwei unterschiedliche Standpunkte unterscheiden:

- Die erste Perspektive geht von Ihrer momentanen Situation aus, in die Zukunft vorausschauend: Nennen Sie, wenn Sie über die oben gestellten Fragen nachdenken, diejenigen Ziele, die Ihnen im Moment als wünschenswert erscheinen? Meinen Sie, daß das, was Ihnen in der Gegenwart wichtig erscheint, auch in der Zukunft – und in welcher – eine Bedeutung hat?
- Oder wählen Sie, wenn Sie über Ihre Zukunft nachdenken, eine andere Perspektive, die von einer künftigen Situation ausgeht, in die Gegenwart zurückblickend: Versuchen Sie, sich vorzustellen, wie unterschiedlich Sie selbst sich entwickeln können? Und wie verschiedenartig sich Ihr ganzes Umfeld – auch unabhängig von Ihnen – verändern mag? Wie sich beides möglicherweise in der Zukunft verträgt, und was gerade dafür eine notwendige Voraussetzung sein mag? Fragen Sie sich, aus dieser künftigen Perspektive zurückblickend, was im Jetzt die richtigen Entscheidungen oder zufriedenstellenden Pfade für eben diese Zukunftsoptionen sein mögen?

Ziele und Visionen sind nicht das gleiche

Visionen sind mehr als Ziele. Ziele starten in der Gegenwart und steuern auf einen definierten Punkt in der Zukunft zu. Visionen beginnen in der Zukunft. Sie versuchen, deren denkbare Kontexte auszuloten, den künftigen eigenen Standpunkt und dessen Vernetzung in jenem vorausliegenden Umfeld zu erkennen. Erst dann gehen Visionen in Stufen zurück in die Gegenwart, um Ziele zu definieren, Prozesse zu konkretisieren, Projekte zu implementieren. Erst dann ist bei einer visionären Unternehmensführung die Zeit, um Entscheidungen vorzubereiten, Maßnahmen zu treffen. Solche Unterschiede zwischen Zielen und Visionen verwischen manchmal oder gehen in der alltäglichen Auseinandersetzung mit der Zukunft verloren. Aber so gering diese Unterschiede erscheinen mögen, so nachhaltig sind ihre Konsequenzen für die Qualität und Gestaltung zukunftsorientierter Strategien.

Von Visionen zu sprechen ist einfach. Doch in der Praxis kommt es darauf an, sie als brauchbare Instrumente der strategischen Unternehmensführung zu entwickeln. Das erfordert von Führungskräften und ihren Mitarbeitern die Fähigkeit, verschiedenartige Aspekte der Zukunft zu erkennen und in langfristig taugliche Prozesse und Projekte zu übersetzen. Viele Firmen meinen dies zu leisten, indem sie sich ausschließlich mit den Zielen auseinandersetzen, die ihre weitere Zukunft bestimmen sollen. Sie laufen damit aber Gefahr, eben mit Hilfe dieser Ziele den Status quo zu festigen und Innovationen eher abzuwürgen denn zu fördern. Warum?

Visionen, die zukunftstauglich sind, zu erzeugen unterscheidet sich vom verbreiteten Trend, den Weg in die Zukunft eines Unternehmens gleich mit Hilfe von Zielvereinbarungen zu beginnen. Der Fehler, den Firmen dabei begehen, liegt nicht in den Zielvereinbarungen selbst. Er entsteht in der zeitlichen Folge von getroffenen (oder in der Unterlassung von vorbereitenden) Maßnahmen.

Wenn Firmen den Prozeß, sich auf ihre Zukunft vorzubereiten, mit Zieldefinitionen oder -vereinbarungen starten, erliegen sie allzuoft einer Versuchung, die sich in langfristigen Mißerfolgen rächt. Denn Ziele zu vereinbaren suggeriert zwei Vorteile, die sie für den Start visionärer Prozesse brauchbar erscheinen lassen: Sie lassen Zukunftsnähe vermuten – also den Eindruck, daß die Zukunft „machbar" sei und die vereinbarten Ziele dazu taugen. Schließlich lassen diese sich ja leicht formulieren. Ziele sind im Gegensatz zu offenen, oft als diffus empfundenen visionären Ideen vergleichsweise einfach und eindeutig zu bestimmen. Darin liegt jedoch ein Trugschluß: Inhaltlich beziehen sich Ziele auf künftige Situationen, aber sie werden meist aus dem Kontext heraus formuliert, der die gegenwärtige Situation und deren Problemfelder beschreibt. Damit „erkennen“ Ziele oft nicht die Qualität, die in den Kontextbedingungen von künftigen Szenarien liegt.

Ein Defizit an visionärer Kompetenz entsteht auch bei den Unternehmen, die nicht in der Lage sind, effiziente Visionen zu erzeugen, die sich von schlagwortartigen Wunschvorstellungen unterscheiden. Und die es nicht zu leisten wissen, diejenigen Zusammenhänge zu bewerten, in die mögliche Ziele hineinwachsen und durch diese selbst verändert werden. Bei Unternehmen, die im Umgang mit Visionen solch defizitäre Merkmale zeigen, übernehmen „Zielvereinbarungen“ eine andere Funktion. Sie dienen dann nur als Indiz dafür, was ein Unternehmen augenblicklich möchte, was dessen gegenwärtige Befindlichkeit ausdrückt. Wenn ein Unternehmen gleich zu Beginn eines zukunftsorientierten Prozesses Zielvereinbarungen trifft, dann können Außenstehende an diesen den „Ist-Zustand“ des Betriebes klar diagnostizieren. Ähnlich wie bei einem Kind, das Lokführer werden möchte und mit diesem „Ziel“ offenlegt, was es derzeit beschäftigt und interessiert.

Wenn Zielvereinbarungen qualifizierten visionären Prozessen folgen, sind sie wichtige Instrumente der Unternehmensführung. Aber sie taugen wenig, um die Qualität von Prozessen, die in der Zukunft bedeutsam sind, von vornherein zu prognostizieren. Für das Verständnis der Zukunft ist das aber wichtig. Zielvereinbarungen sind oftmals zu sehr im Jetzt verankert und streben dann auf auf ein vordefiniertes Bild von der Zukunft zu. Das ist ein hohes Risiko für jeden Betrieb. Unternehmen, die innovative Prozesse mit einer derartigen Vorgehensweise beginnen, sind selten visionär. Sie neigen dazu, Trends, die aus der Analyse der Vergangenheit abgeleitet wurden, aufzugreifen, nachzumachen und in trendverlängernde Ziele zu packen. Sie neigen, wenn sie darin gut sind, zur Nachahmungsführerschaft.

„Visionäre Führerschaft" hingegen bedarf eines anderen Kompetenzprofiles. Sie ist nicht einfach das Pendant zur häufig diskutierten Qualitäts- oder Kostenführerschaft. Sie signalisiert auch keinen Zustand, den man erreicht und gegenüber Mitbewerbern zu verteidigen hat. Visionäre Führerschaft pflegt perspektivische Fähigkeiten, indem sie hilft, quantitative und vor allem qualitative Wertschöpfungspotentiale langfristig zu erkennen. Und sie zeigt sich in einer Handlungskompetenz, die in der Lage ist, solche Wertschöpfungsprozesse kontextverträglich zu gestalten. Wenn es um innovative Prozesse geht, ist zunächst zu prüfen, ob „Sekundärinnovationen" – also Veränderungen des Kontextes – nötig sind, um den Erfolg der erwünschten „Primärinnovationen" zu sichern. Auch dann sind „Primärinnovationen" kontextverträglich, wenngleich sich hier der Wandel über mehrere Stufen vollzieht. Die optimale Balance zwischen „Primär- und Sekundärinnovationen" immer wieder neu zu bestimmen und aufeinander abzustimmen, ist gleichfalls Ausdruck der visionären Führerschaft.

Vom Nutzen zielabweichender Ziele

Visionäre Führerschaft sollte also in der Lage sein, wirksame Szenarien aufzugreifen, deren künftige Kontexte zu evaluieren und mögliche Wechselwirkungen zu prognostizieren. Das schließt die Kompetenz ein, den Wandel, den diese Szenarien vorgeben, ohne langfristige Irrungen anzustreben.

Ein Unternehmen sollte ebenso fähig sein, eine weitere, scheinbar paradoxe Balance zu halten: zwischen den Zielen, die aus visionären Prozessen abgeleitet werden, und den möglichen Abweichungen von diesen Zielen. Die Szenarien geben die Orientierung vor, Ziele in der Folge die konkrete Route. Abweichungen von diesen Zielen begreifen Führungskräfte gern als Störungen. Das kann für die Entwicklung eines Unternehmens fatal sein: Wohl können Abweichungen aus Unvermögen entstehen. Dann stellt sich die Frage, woher dieses rührt, wer zu dessen Stabilisierung auf welche Weise beiträgt. Das mag ein wichtiger Lernprozeß für ein Unternehmen sein, um neue Perspektiven über sich selbst zu gewinnen. Doch Abweichungen können ebenso die Chance bieten, aus einem veränderten Blickwinkel heraus den früheren Standpunkt zu betrachten, von dem aus Ziele ursprünglich formuliert wurden. Das erlaubt, diese Ziel im Sinne innovativen Lernens anders zu bewerten und führt dazu, die Orientierung wie die Route künftiger Entwicklungen in neuem Licht zu sehen.

Ziele lassen erkennen, aus welcher Perspektive ein Unternehmen momentan die Zukunft betrachtet. Ziele sind deshalb wichtige Informationen, um den gegenwärtigen Standpunkt einer Organisation und ihrer Mitarbeiter zu orten. Und sie sind darin Startpositionen für Lernprozesse. Aber sie sind nur selten das, wofür sie meist gehalten werden – brauchbare Zwischenstationen für langfristig betrachtete Entwicklungen.

Ziele tragen dann zu einer umfassenden Wertschöpfung bei, wenn sie Meilensteine sind, um visionäre Prozesse zu realisieren. Ziele können einer Wertschöpfung auch entgegenstehen, wenn sie bloß vom gegenwärtigen Zukunftsverständnis ausgehen, spätere Kontextbeziehungen mißachten und dazu beitragen, ein Unternehmen an der späteren Wirklichkeit vorbeizumanövrieren. In Abhängigkeit von den zugrundeliegenden Kompetenzen können Ziele dazu beitragen, ein Unternehmen wie ein Schiff sicher übers Meer zu führen oder „gezielt“ auf die nächste Sandbank zu setzen. In diesem Sinn haben Ziele keinen Eigenwert. Ihr Wert entsteht erst durch die Fähigkeit, sie „am einen Ende“ auf tragfähige Visionen hin abzustimmen und „am anderen Ende“ in kontextwirksame Prozesse zu überführen.

Als „eigenwerte“ Zukunftsbausteine sind Ziele bestenfalls in rein technischer Hinsicht nützlich, und selbst hier nur im kurz- bis mittelfristigen Bereich. Langfristig haben sich auch technische

Entwicklungen an weitergreifenden Visionen zu orientieren. Organisationen als soziale Systeme müssen sich von vornherein auf das Repertoire verfügbarer oder zu lernender Kompetenzen beziehen, damit „Ziele“ für sie zu nützlichen statt schädlichen Instrumenten werden.

Lernprozesse verändern die Bedeutung von Zielen

In lebendigen, sozialen Systemen wie Teams oder ganzen Organisationen stoßen Ziele – im günstigen Fall – Lernprozesse an. Lernprozesse verändern jedoch den Kontext, in dem sie stattfinden und wirken. Und ein veränderter Kontext erlaubt neue Perspektiven. Sowohl mit Blick zurück, auf den „alten“ Standpunkt mit seiner ehemaligen Sicht auf die Zukunft, als auch nach vorne, auf das einstmals gesetzte Ziel. Aus veränderten Perspektiven können früher gesetzte Ziele eine gänzlich neue Bedeutung erfahren oder andere, bislang nicht erkannte Wechselwirkungen mit dem Umfeld markieren. Oder den bisher eingeschlagenen Weg grundsätzlich in ein neues Licht rücken.

Hier leisten sich Unternehmen gravierende Fehler: indem sie an ihren alten Perspektiven hängen wie passionierte Raucher an ausgebrannten Pfeifen. Und glauben, sie wären noch immer nach vorne orientiert, weil sie doch auf „Ziele“ zugingen. Abweichungen interpretieren sie als störend, statt als mögliche Produkte geänderter Perspektiven. Von Zielen abzuweichen kann notwendig werden, wenn Lernprozesse einen Kontext differenzieren oder ändern. Unternehmen, die auf einmal gesetzten Zielen beharren, sehen nicht, daß sie zunächst mit Hilfe von Zielen den Wandel wollen – und ausgerechnet auf dem Weg dorthin ihr statisches Verhalten bestärken.

Bewußt so vorzugehen kann durchaus trickreich sein: exakt auf diese Weise schaffen es viele Unternehmen, den Wandel, von dessen Notwendigkeit sie ständig reden, nach außen hin sichtbar zu demonstrieren und ihn zugleich in seinen Wirkungen zu blockieren. Permanenten Wandel zu dokumentieren ist ihnen wichtig, um im populären Trend organisationaler Erwünschtheit zu liegen. Ihn durchzuführen ist ihnen aber unheimlich. Könnte dies doch zu einem Zustand führen, der tatsächlich anders ist als bisher. In dem die vertrauten Muster, die das alte Firmengefüge prägen, nicht mehr gelten. In dem Herausforderungen liegen, die aus der jetzigen Perspektive kaum wahrzunehmen, schwierig zu interpretieren und in ihrer Bedeutung schwer zu erfassen sind. Herausforderungen, die wie finstere Monster am Horizont lauern. Was liegt näher, als flugs in vertraute Höhlen zurückzuhuschen, die Schutz und Sicherheit gewähren? Gerade in prekären Situationen des Wandels reagieren manche Firmen wie manche Fußgänger, die sich über die Straße wagen, aber angesichts eines nahenden Autos schnell auf ihren alten Standplatz zurückeilen – auch wenn ihr Risiko, überfahren zu werden, dabei viel größer ist. Nicht die Bewegung oder die neue Straßenseite verleiht ihnen das Gefühl von Sicherheit, sondern die Fixierung auf einen vertraut wirkenden, gedanklich manifestierten Standort.

Ablaufschemata werden ritualisiert

Unternehmen, die nach solchem Prinzip handeln, wähnen sich gleichermaßen auf der „sicheren Seite", haben sie doch „Ziele" und damit die Fiktion einer abgeklärten Zukunft vor Augen. Ihre Perspektiven konzentrieren sie auf die ihnen vertrauten Kontexte, aus denen sie ihre jeweiligen Ziele formulieren. Diese Ziele kleiden sie dann in fixe Ablaufschemata, die jeder Veränderung trotzen. Ablaufschemata werden zu Ritualen, die allen Beteiligten vertraut und von allen einzuhalten sind. Was ursprünglich als Ziel vereinbart wurde, wird zum dogmatischen Ritual, zum bürokratischen Akt. Psychologisch gesehen folgen solche Ablaufschemata dem Prinzip der frühen Prägung: Wer einmal auf sie fixiert ist, neigt dazu, ihnen stets zu folgen, wohin auch immer. So wie einmal geprägte Gänse zeitlebens einem Konrad Lorenz nachmarschieren (Ablaufschemata), egal wohin dieser seinen Weg einschlägt (Ziel). Sie finden in diesem Verhalten Schutz und verlieren doch die

Fähigkeit, eigeninitiative Lebenstüchtigkeit und -orientierung zu entfalten (Lorenz, 1979).

Gelegentlich folgen Unternehmen sehr wohl diesem Prinzip: Ihre Rituale, Verhaltensmuster und Ablaufschemata sind „heilig". Sie dürfen nicht angetastet werden, wohin immer der Wunsch nach Wandel den Betrieb und seine Mitarbeiter schickt. Was in solchen Prozessen auf der Strecke bleibt, ist die Kompetenz, mit Visionen und Zielsystemen wirkungsvoll umzugehen. Da werden Visionen einerseits leichtfertig plakatiert und flugs in Zielvereinbarungen gegossen. Aber da bleibt auf der anderen Seite die ernste Frage, ob die erzeugten Visionen dazu taugen, auch diejenigen Muster zu verändern, diejenigen Prozesse zu generieren und die Lösungen zu optimieren, die zu deren Verwirklichung beitragen.

Visionäre Führerschaft als systemische Kompetenz

Visionäre Führerschaft liegt in der Innovation der Kompetenz. Ihre Aufgabe ist es, Perspektiven aus unterschiedlichen Kontexten zu erzeugen und dann Bezug aufeinander nehmen zu lassen, um schließlich die Ziele abzuleiten, die der Komplexität der Zukunft gerecht werden, um diese im Spannungsfeld verschiedener Kontexte wirkungsvoll zu implementieren und um die Dynamik dieser zielorientierten Prozesse zu optimieren. Diese systemische Art zu denken unterscheidet sich radikal von dem einschmeichelnden Ansatz mancher Berater und Führungskräfte, „ganzheitlich" vorgehen zu wollen. „Ganzheitlich" zu sein ist ein Begriff, der schon aus der Mode gekommen, aber noch immer weit verbreitet ist. Er suggeriert, Probleme von einem umfassenden Standpunkt aus zu erkennen. Doch die Informationen, die in der persönlichen Selbsteinschätzung als ganzheitlich erscheinen mögen, sind von einem distanzierteren Standpunkt betrachtet dennoch meist beschränkt. Selbst jemand, der es versteht, viele Seiten eines Problems zu würdigen, begrenzt allein schon durch den Abstraktionsgrad seinen Blickwinkel. Denn meist ließe sich ein Problem auch globaler oder detailgenauer, oder mit anderer Gewichtung betrachten. Damit würde sich dessen spezifischer Informationsgehalt verändern. Dieser Aspekt entgeht jenen, die vorgeben, „ganzheitlich“ zu arbeiten ebenso wie jenen, die daran glauben. Das macht die Aussagekraft „ganzheitlicher“ Modelle häufig stumpf. In ihrer elitären Selbsteinschätzung verfehlen sie das Moment der sozialen Intelligenz. Diese liegt darin, gezielt verschiedene Perspektiven zu provozieren, sie konstruktiv zu konfrontieren, daraus alternative Sichtweisen zu erzeugen, abzugrenzen und miteinander zu vergleichen. Die Fähigkeit zur sozialen Intelligenz erlaubt es, die wechselseitige Bedeutung von Informationen verstehen zu lernen und im Netzwerk verschiedener Kontexte zu bewerten.

Visionäre Führerschaft vollzieht sich in der Innovation der Fähigkeiten, die strategisches und sozial intelligentes Handeln erlauben. Statt einmal Erreichtes mit immer weniger Einsatz an Personal und Kapital zu reproduzieren und sich auf die Seite der bloßen Kostenführerschaft zu schlagen, geht es bei der visionären Führerschaft darum, soziale Ressourcen wie Team- und Führungssysteme innovativ zu gestalten und zu veredeln, um Forderungen für intelligentes Wachstum gerecht zu werden.

Visionäre Führerschaft findet ihren sichtbaren Ausdruck in der Innovation von Zielen und Produkten. Diese sind aber nur Symptome, Ergebnisse einer vorausgehenden Entwicklung.

Qualitatives Rationalisieren als visionärer Auftrag

Visionäre Führerschaft bedeutet mehr als Trends zu ermitteln und auf sie zu reagieren. Sie verlangt von Führungskräften und Mitarbeitern Fähigkeiten, die Qualität derjenigen Faktoren aufzuspüren, die eine Vision auszeichnen, und sie in tragfähige Handlungsstrategien zu übersetzen. Sie setzt ebenso die Courage voraus, sich durch Initiativen zu exponieren, auch wenn diese ungewöhnlich sind.

Visionäre Führerschaft verlangt ferner ein hohes Maß an Qualitätsorientierung, um die anstehenden Prozesse nicht an der künftigen Wirklichkeit vorbeigleiten zu lassen, sondern zielsicher zu implementieren. Sie erfordert die Bereitschaft zum Wandel, der nicht nur an dem simplifizierenden Ziel ansetzt, das stets gleiche mit immer weniger Ressourcen zu leisten. Statt permanenten Reagierens verlangt visionäre Führerschaft die Fähigkeit, quantitative durch qualitative Rationalisierungspotentiale zu ersetzen. Sie zielt auf innovatives, durch intelligente Vielseitigkeit gestütztes Wachstum mit nachhaltiger Wertschöpfung.

Statt Kostensenkung um jeden Preis, etwa dem eines generalisierten Mangels an Phantasie, gilt es, bedeutsame Schnittstellen zwischen Gegenwart und Zukunft aufzugreifen und im Sinne visionärer Führerschaft in praktikable Prozesse zu übersetzen. Dabei sind die Schnittstellen zu beachten, die sich zwischen den internen und externen Kontexten eines Betriebs herausbilden. An situativen wie zeitlichen Schnittstellen sind verfügbare Handlungspotentiale mit künftigen Wertschöpfungspotentialen in eine verträgliche Balance zu bringen. Diese Balance immer wieder neu einzurichten, auf Lern- und Entwicklungsschritte einer Organisation auszurichten, ist wesentliche Herausforderung im Sinne visionärer Kompetenz.

Visionen sind von Utopien zu unterscheiden

Ob Visionen wirksam sind, hängt schließlich von ihrer inneren Güte ab: davon, ob sie bloß für Imagezwecke nach „draußen“ und „drinnen“ instrumentalisiert werden. Oder ob sie durch taugliche Ziele und eine tragfähige Dynamik unterstützt werden. Sie gleichen darin den dialogischen Prozessen der Verantwortung. Von tauglichen Zielen ist die Rede, wenn nicht Schlagworte, sondern kontextübergreifende Konzepte und Informationen im Vordergrund stehen – gepaart mit der Kompetenz, visionäre Effizienz zu erreichen. Das gelingt, wenn die Faktoren erkannt werden, die es erlauben, gegenwärtig vorhandene Potentiale zu optimieren, um Veränderungen auf den Weg zu bringen. Und wenn zugleich die Faktoren ins Kalkül gezogen werden, die es erlauben, künftige Szenarien sowie deren Wechsel- und Nebenwirkungen zu verstehen. Hier ist also nach den Kriterien zu fragen, durch die sich hohle Utopien unterscheiden von Visionen, die zukunftsfähig, verantwortlich und, obgleich „utopisch", zu realisieren sind. Diskussionen in der Praxis spiegeln ein Dilemma wider: das Geschäft mit Visionen floriert, die praktische Umsetzung schleppt sich oft dahin oder stagniert.

Fragen zum Verständnis visionärer Kompetenz

Ohne Visionen kommt längerfristig kein Unternehmen aus. Auch die Annahme, daß alles so bleiben werde wie gewohnt, ist lediglich eine von vielen Optionen für die Zukunft. Doch selbst wenn ein Unternehmen Visionen verfolgt, unterstützen diese nicht automatisch den Prozeß des Gelingens: Da bleiben Fragen offen, die deren Qualität, Dynamik und den Prozeß ihrer Implementierung betreffen. Ein solches Set von Fragen, das Kontext und Qualität visionärer Prozesse beleuchtet, könnte sein:

- Wer erzeugt welche Visionen? Wer trägt sie ins Unternehmen? Wer akzeptiert oder „drückt" sie durch? Wer übersetzt sie in strategische Ziele und operative Maßnahmen? Werden Visionen von „außen" importiert oder von innen initiiert?
- Wer ist beteiligt, um Visionen zu gestalten? Sind alle in der gleichen Weise beteiligt, oder gibt es da Unterschiede? Wodurch kommen diese Unterschiede zustande, wie wirken sie sich aus? Welchen Einfluß hat das auf die Betrachtung von Visionen?

- Wer ist von Visionen betroffen? Auf welche Weise, mit welchen Konsequenzen? Worin liegen Unterschiede, wer würde eine Vision am ehesten unterstützen, wer am meisten ablehnen?

- Wodurch zeichnen sich Informationen aus, die noch unbekannt, aber für die verlässliche Beurteilung der Zukunft wesentlich sind? Ist der Prozeß, solche Informationen zu gewinnen, auf Vielschichtigkeit ausgelegt oder auf einen vorgezeichneten Denkradius begrenzt? Zielen Visionen darauf ab, ein hohes Maß an möglicher Komplexität der Zukunft wahrzunehmen? Oder sind sie auf wenige perspektivische Ansätze reduziert?

- Welche Prozesse werden initiiert, um Informationen zu gewinnen? Welche Pfade werden genutzt, um Ergebnisse in Entscheidungen zu übertragen? Welche Impulse werden durch den Prozeß der Informationsgewinnung selbst lanciert, suggeriert, oder deaktiviert?

- Beweisen Führungskräfte und Mitarbeiter für all diese Schritte die nötige Methoden- und Sozialkompetenz? Findet die Bildung, die zu diesen Kompetenzen führt, im Unternehmen selbst statt, oder wird diese „ausgelagert", die Verantwortung über die Zukunft gleichsam „delegiert"?

- Vor allem: Wo entsteht der Ort für visionäre Initiativen? In den beteiligten oder betroffenen Teams? In den oberen Köpfen einer Top-down-Hierarchie? In den Hirnen von Beratern, die im einen Fall klientenfreundlich und seriös, im andern Fall vielleicht nur auf umsatzorientierte Hochglanz-Prospekte fixiert sind?

- Wie gewinnt schließlich eine Vorstandsetage ihr eigenes Bild von der Zukunft – aus eigenständiger Kompetenz des Unternehmens und seinem Umfeld – oder inspiriert durch den Rat externer Spezialisten – oder durch das Zusammenspiel beider?

- Was vermitteln Berater, wenn sie denn zu Rat gezogen werden: Handlungskompetenzen für tragfähige Visionen? Oder ein längst festgezurrtes, vereinheitlichtes Bild über die Zukunft, das mit immer gleichen Methoden und ähnlichen Empfehlungen von außen nach innen ins Unternehmen gekippt wird, und in dem die Vorstände und ihr Unterbau bloß als sukzessive Verteilerkästen dienen?

Ein eigenständiger, kompetenter Umgang mit Visionen ist eine zentrale Herausforderung, eine strategische Schlüsselqualifikation der lernenden Organisation. Für eine Firma ist es wichtig zu verstehen, inwieweit Visionen sich tatsächlich mit der gegebenen Kultur und eigenen Fähigkeiten vertragen. Das heißt, welche Faktoren für den Transfer von der gegenwärtigen Position hin zu einer visionären Option im besonderen verantwortlich und zu beachten sind. Und welche Faktoren auf diesem Weg kritische wie auch erfolgversprechende Phasen anzeigen. Das ist nicht selbstverständlich. Häufig benutzte Begriffe wie Kundenorientierung, schlanke Strukturen oder Wettbewerbsfähigkeit mögen beruhigend wirken. In ihrer Aussagekraft sind sie aber oftmals diffus, unspezifisch, nicht auf die Besonderheiten eines Unternehmens ausgelegt. Vielfach verführen sie dazu, rezeptartig die Entwicklungen nachzuahmen, die andere Firmen aus ihrer Erfahrung heraus initiiert und vorgelebt haben. Ob deren Erfolge in einem veränderten Kontext wiederholbar sind, bleibt fraglich, auch wenn sie als Impulsgeber gelegentlich nützlich sein mögen.

Torschlußpanik – ein Motiv für riskante Visionen

Meilensteine der Organisationsentwicklung der letzten Jahre liegen im Lean- und Qualitätsmanagement, in selbstorganisierender Teamführung, kontinuierlicher Verbesserung, Reengineering, Konzentration auf Kernkompetenzen, unterstützt durch entsprechende strategische Portfolien, oder durch Partnerwahl, etwa durch die Bildung strategischer Allianzen. Deren Wettbewerbs- und Innovationswert für einzelne Unternehmen wird teils hoch eingeschätzt, teils sehr kritisch kommentiert (vgl. Hamel und Prahalad, 1995;

Huf, 1994; Straub und Forchhammer, 1995). Aus der Distanz gesehen scheinen diese Entwicklungen stets den Entrepreneurs einer Branche nachhaltige Vorteile einzubringen – sei es aus Gründen höherer Kosteneffizienz, oder über Marketingeffekte aufgrund weitgestreuter Dokumentation und Publicity.

Doch schon nach kurzer Zeit werden die Erfolgsstories derjenigen, die Vorgelebtes abschauen und nachmachen, nahezu austauschbar. Deren zahlreich vorgetragene Wiederholungen hinterlassen zwar den suggestiv zwingenden Eindruck, als müsse der Erfolg mit der Nachahmung solcher Strategien garantiert sein. Aber für die Gestaltung der Zukunft gibt es große Unterschiede in der visionären Motivation: Die couragierte Vision der ersten, der Avantgarde, mutiert oft schon bei den zweiten, den direkten Nachahmern, in wachsame Neugierde und den Versuch, es den Führenden einfach gleichzutun, um mithalten zu können. Deren Wachsamkeit wird bald von einer hektischen Torschlußpanik der dritten, spätinnovativen Generation des Wandels abgelöst. Ihr folgt die konfuse Angst der Vertreter der vierten Welle, als Schlußlicht vom Markt gefegt zu werden. Diese verzweifelte Stimmung teilen sie mit den fünften und allen weiteren Nachzüglern und rudern in fast blinder Anstrengung gegeneinander.

Was anfangs als Vision aus innerer Öffnung, Anstrengung und Mut erwuchs, gepaart mit Risikobereitschaft, gerät die Innovationskaskade hinab immer mehr zum bloßen Sekundieren. Zum Nachahmen aus Prinzip, ohne dessen besonderen Wert für die eigene Organisation erfaßt zu haben. Innovation wird auf diesem Weg zum l'art pour l'art, zum Ritual um seiner selbst willen. Es gleicht einem Sonntagsspaziergang in die Kirche, nur um gesehen zu werden, nicht um dort eigene Gedanken oder individuelle Betroffenheit anzustoßen. In vielen Unternehmen ist es ein Symptom für diese Entwicklungsphase, daß ihren spätinnovativen und mutlosen Managern flugs eine ganze Schar externer Experten zur Seite steht, die zum Erwerb fertiger, scheinbar narrensicherer Modelle raten, die sie sodann unterschiedslos über alle Firmen und Branchen stülpen.

Vom Dilemma ängstlicher Innovationen

Manager und Mitarbeiter von Unternehmen, die nicht zur Avantgarde des Wandels gehören, sondern sich erst mit der dritten oder vierten Innovationswelle bewegen, erleben Veränderungen in ihren Betrieben durchaus als innovativ. Neu sind diese Innovationen aber nur in bezug auf den inneren, betrieblichen Kontext und die Erfahrungswelt der Betroffenen. Gemessen an äußeren Kontexten – Mitbewerbern, Markt oder Umwelt – können solche Bemühungen lange veraltet sein.

Im Pulk gegen die Panik kämpfen

Dann finden Veränderungen häufig nicht aus vorausschauendem Antrieb statt, sondern weil eine Form der Angst die andere ersetzt. Konkret:

Die Angst vor Neuem, oder die Angst vor innerbetrieblichem Positions- und Machtverlust weicht zunehmend der Angst, bald zu den Verlierern zu gehören, wenn andere längst die Ergebnisse ihrer Innovationen präsentieren. Die ursprüngliche Panik, Neues zuzulassen oder gar zu provozieren, wird abgelöst von der Panik, als letzter auf der Strecke zu bleiben.

Dieses Unbehagen wird von einem Bedürfnis nach scheinbarer Sicherheit unterstützt. Das versuchen viele Betriebe dadurch zu befriedigen, indem sie im Gros der gängigen, standardisierten Reorganisationsschübe mitschwimmen. Dahinterstehende Visionen werden erst gar nicht hinterfragt, auf die eigene Situation hin spezifiziert, sondern nach dem besten Preis-Leistungs-Verhältnis gleich von der „Stange weg" miteingekauft. Da kann ein etabliertes Consulting-Unternehmen in einer ganzen Branche eine Flut von Fusionen, Akquisitionen und Allianzen auslösen, wenn es die Losung „Big ist in" ausgibt, und wenig später mit dem Wechsel des Mottos hin zu „Klein ist fein“ eine Vollbremsung mit Verkäufen, Outsourcing und Konzentration auf Kerngeschäfte initiieren. Wie kann das funktionieren?

Das Gefühl, sich inmitten der Herde zu befinden, suggeriert guten Schutz vor Feinden. Oder vor dem eigenen Niedergang. Als Pionier hingegen würde sich ein Unternehmen scharf von der Masse abheben und allein dastehen. Und als Schlußlicht abgehängt wäre es von allen anderen ebenfalls isoliert, ausgesondert und in besonderem Maße verletzlich. Diesen Firmen, die nicht wagen, aus der Herde auszubrechen, und lieber alle Reorganisationswechsel im großen Pulk mitvollziehen, fehlt der Mut in doppelter Hinsicht. Sie sind zu ängstlich, um sich an die Spitze einer Entwicklung zu setzen. Noch zeigen sie genug Selbstbewußtsein, um Bewährtes zu behaupten. Der Wunsch, weder hervorzustechen noch auszuscheren, erzeugt zukunftsorientiertes Vermeidungsverhalten statt visionäre Motivation. Das zeigt sich im Bemühen, sich im Entwicklungsprozeß zeitlich weder „vorn“ noch „hinten“ zu exponieren. Darin liegt ein verbreitetes Motiv zur Innovation, das just in dem Moment einsetzt, in dem sich das Gros aller anderen sichtbar mitdreht.

Das Risiko, daß Visionen verwahrlosen

Nicht nur private Unternehmen, auch staatliche Stellen, die gern die Notwendigkeit zu umfassenden Innovationen propagieren, folgen bisweilen diesem Prinzip. Während sie behaupten, Initiativen und deren Transfer zu fördern, warten sie in der Praxis lieber, bis couragierte Unternehmen in die Vorreiterrolle gehen und die Resultate ihrer innovativen Strategien vorführen. Dann, wenn eine Innovation keine mehr ist, unterstützen die amtlich bestellten Mäzene – mit dem Argument, keine öffentlichen Gelder für unkalkulierte Risiken verschleudern zu wollen – allzuoft Nachahmer, die vorgeben, Innovatoren zu sein, externe Anreize aber bloß als eigene Überlebenssicherung wahrnehmen.

Staatliche Stellen werden so in ihrer Funktion als Förderinstanzen selbst zu Nachahmern, indem sie nicht aus eigenständiger, souveräner, visionärer Perspektive handeln, sondern abzuwarten und erst aufgrund ihrer Angst reagieren, als Region oder Nation den Anschluß an einen von anderen bereits gewandelten Status quo zu verpassen.

Eine Vision verwahrlost in einem Prozeß, der nach diesem Muster aufbereitet und implementiert wird, indem sie nicht die Spitze einer Entwicklung, sondern deren Ende markiert.

Ein Unternehmen, das sich auf dieses Spiel einläßt und beginnt, sich unterschiedslos, aus Angst zu spät zu kommen, alle populären Reorganisationswellen einzuverleiben, mag sich selbst als modern empfinden. Im Grunde unterscheidet es sich in seinem Verhalten aber wenig von einem Lemming, der sich abmüht, im Pulk nach vorne zu drängeln, um nicht als letzter über die Klippe zu springen.

Die Avantgarde des Wandels gestalten

Worin liegt nun die Wertschöpfung und Wirkung einer Vision? Viele Firmen nutzen Visionen nur als grobe Orientierung, um sich auf mittel- und langfristige Ziele auszurichten. Dabei spielt es für sie eine geringe Rolle, wie effizient diese Visionen angelegt und wie nachhaltig sie im Unternehmen implementiert werden. Das ist eine Falle.

Denn Visionen berühren den Wandel, der sich an Schnittstellen zwischen dem inneren Kontext eines Unternehmens und seinem äußeren Umfeld vollzieht. Letzteres mag unabhängig vom Unternehmen eine eigenständige Dynamik und Entwicklung entfalten.

Visionen sind in dieses Zusammenspiel innerer und äußerer Kontextfaktoren, in deren Wechselwirkungen und eigendynamische Prozesse eingebettet. Das Geflecht zu erkennen, an dem verschiedene Kontexte in der Zukunft sich begegnen, ändern oder neu formieren, ist der Schlüssel für das Gelingen visionärer Konzepte.

Sich nur Phantasien über mögliche Zukünfte auszumalen mag interessant sein. Den Wert von tragfähigen Visionen erreicht das nicht. Die wirksame Verknüpfung mit unterschiedlichen Kontexten eines Unternehmens zeichnet die Qualität visionären Handelns aus. Visionen sind in ihrem Einfluß nicht beliebig. Sie wirken je nach bedachter Schärfe wie eine Art erste Geige der künftigen Entwicklung, oder eher als vage Melodie im Hintergrund. Durch Dissonanzen können beide erheblich stören. Bedacht oder unbedacht folgt jedes zielorientierte Handeln einer Vision, auch wenn diese nicht explizit formuliert wird. Visionen sind nicht bloß Wunschbilder oder Vorstellungen über die Zukunft. Sie spiegeln Prozesse und Zustände wider, die durch den Kontakt größerer Systeme (wie Markt, Umwelt oder Gesellschaft) mit dem eigenen persönlichen oder unternehmerischen Handeln entstehen. Die unmittelbare Einflußsphäre des eigenen Handelns bildet dabei den „inneren Kontext", der aber in einem umgreifenden „äußeren Kontext" stattfindet. Grenzen oder Schnittstellen zwischen den inneren und äußeren Kontexten sind nicht starr. Sie variieren, je nachdem, was ein Beobachter subjektiv als über- oder untergeordnetes System, als inneren oder äußeren Kontext betrachtet.

Den Einfluß verschiedener Kontexte erkennen

Künftige Schnittstellen verändern objektiv die Qualität einer Vision, das heißt für alle in gleicher Weise sichtbar. Das zeigt sich, wenn Faktoren vernachlässigt oder ignoriert werden, die jedoch in der Zukunft plötzlich und nachhaltig zu wirken beginnen. So macht es einen Unterschied, ob ein Unternehmen die Entsorgung seiner Ölbohrinsel primär an der Vision der Kostenführerschaft gegenüber Konkurrenten orientiert (innerer Kontext) und die Öffentlichkeit (äußerer Kontext) diese Vision mitträgt, oder ob die Öffentlichkeit die Bedeutung dieser Vision in Frage stellt und mit alternativen Konzepten konfrontiert, denen sie größere Bedeutung beimißt.

An der Schnittstelle zwischen dem inneren und äußeren Kontext eines Unternehmens treffen verschiedene Bedeutungen aufeinander, die unterschiedliche visionäre Entwicklungen auslösen, aber auch die Konsequenzen deren Wandels.

Führungskräfte, die in der Lage sind, solche Aspekte aufzugreifen und ihre visionären Potentiale entsprechend zu gestalten wie zu balancieren wissen, bilden die Avantgarde im Management des Wandels. Ihre Kompetenz im Umgang mit Visionen liegt darin, künftige Interessenlagen nicht nur aus dem jeweils eigenen, inneren Kontext heraus auszuloten, sondern die Schnittstellen zu anderen wirksamen Kontexten zu sehen und deren Bedeutung für die Tauglichkeit einer umfassenden, nachhaltigen Vision zu bestimmen.

Visionen gehen von künftigen Dimensionen der Wirklichkeit aus. Doch die Faktoren, die das gegenwärtige Umfeld bestimmen, fließen in die vergleichende Betrachtung mit ein: Finden sich in einem Zukunftsszenario vertraute Faktoren wieder? Sind neue hinzugekommen oder andere verschwunden? Wie verändert das die Position eines Faktors und dessen Bedeutung? Eine Reihe von Faktoren können als Signale dienen, um verschiedene Entwicklungsstadien eines Prozesses anzuzeigen. Denn Visionen können eine konstruktive oder destruktive Eigendynamik entwickeln, die es in der Folge zu nutzen oder vorsichtig zu steuern gilt.

Die Flucht in die Zielvereinbarung

Diese Herausforderung überfordert manche Manager. Auf die Frage, was eine effiziente, kontextwirksame Vision von einer riskanten unterscheidet, folgt mitunter hilfloses Schulterzucken, Ratlosigkeit. Aus diesem Grund werden in vielen Firmen Veränderungen gestartet, deren visionärer Hintergrund nicht durchdacht ist und deren langfristige Prozesse einem Zufallsprinzip folgen. Ein Defizit, das bereits Herrhausen (1990) offen anprangerte. Solche „nicht-visionären" Veränderungen zeigen mehrere Schwächen. Sie zeichnen sich durch kurzfristige Zielsetzung aus sowie durch unzureichendes Verständnis für mittel- und langfristige Folge- und Nebenwirkungen. Sie orientieren sich in erster Linie meist an äußeren Anreizen, populären Trends, weniger an den Potentialen der eigenverantwortlichen, visionären Kompetenz.

Manager verschenken die visionäre Wertschöpfung

Dieser Praxis folgend, verschenken Manager die Wertschöpfungspotentiale, die in souverän geführten visionären Prozessen liegen. Oft nutzen sie ihre Visionen nur, um sekundäre Motive auszureizen. Statt die Zukunftsfähigkeit ihrer Unternehmen in den Mittelpunkt zu stellen, beschränken sie sich darauf, mit Hilfe von Visionen ihre Mitarbeiter wie mit einem Appetitanreger zu stimulieren. Zum Bespiel mit Slogans wie „Wir wollen die Besten der Branche sein". Vielleicht als Markt-, Kosten-, Qualitätsführer. Was dies in einem veränderten Kontext an Herausforderungen mit sich bringt, bleibt allzuoft undurchdacht. Implizit gilt die Annahme, daß alles so bleiben würde, wie man es bisher gewohnt war, und daß in diesem Umfeld ein paar neu formulierte Ziele wesentliche Vorteile mit sich brächten. Die andere Variante, Visionen zu benutzen, liegt darin, Furcht vor der Zukunft einzuflößen und die schlummernden Reserven der Belegschaft wecken zu wollen: „Um unser Überleben zu sichern, müssen wir ..." Strategien wie etwa Lean Production, Reengineering, TQM einführen. In dem Versuch, populäre Trends aufzugreifen und schnell zu realisieren, übernehmen Firmen deren verschlagwortete „Visionen“ gleich mit, machen sich diese plakativ zu eigen. Statt ihre Energien auf die Entwicklung eigenständiger visionärer Kompetenzen zu verwenden, konzentrieren sie ihre Kräfte auf „Fast-Food“-Ziele, die gerade nach Katalog greifbar und operativ naheliegend erscheinen. Was dann beeindruckt, ist nicht die Verwirklichung, sondern die Visualisierung vorgedruckter Visionen. Diese sind in der Regel präzise formuliert, perfekt inszeniert. Aber deren Folgeprozesse werden im Betrieb mangelhaft integriert, bisweilen chaotisch implementiert.

Schnell folgt dann die Flucht in Zielvereinbarungen. Diese scheinen aus dem Dilemma zu führen. Zielvereinbarungen betreffen alle, schaffen vermeintlich wieder Klarheit. Das täuscht aber, denn *alle visionären Motive – auch die minder qualifizierten – lassen sich leicht in Zielvereinbarungen übersetzen.* Das gilt für couragierte Entrepreneurs, für sekundierende Nachahmer, für angstvolle Nachzügler, die nicht zum Schlußlicht gehören wollen, obgleich sie es längst sind. Zielvereinbarungen sind einem Unternehmen nützlich, wenn sie als zweite Phase einer strategischen Entwicklung einsetzen, der die Entwicklung qualifizierter visionärer Kompetenzen vorausgeht. Macht ein Unternehmen diesen zweiten Schritt vor dem ersten, indem es von Beginn an auf Zielvereinbarungen setzt, wirkt sich das um so verhängnisvoller aus: Das Risiko steigt, daß die kritische Analyse effizienter Visionen, die Würdigung unterschiedlicher Kontextbeziehungen und die feinfühlig-nachdrückliche Implementierung komplexer Ziele unterbleibt. Manche Unternehmen scheitern letztlich an plausibel anmutenden Zielvereinbarungen. Bei näherem Hinsehen beziehen sie sich einseitig auf den inneren Kontext ihres Unternehmens. Die Frage, worin sich effiziente Visionen und Zielvereinbarungen unterscheiden, und was es bedeuten würde, im Sinn einer Vision die Führerschaft zu übernehmen, lassen sie offen. Das verrät die Schwäche des Managements, mit der Zukunft eines Unternehmens adäquat umzugehen.

BEISPIEL

Ein Beispiel mag dieses Dilemma verdeutlichen: Das Führungsgremium eines renommierten Maschinenbauunternehmens hatte sich seit Tagen über Strategiepapiere beraten. Es galt, Ziele abzustecken, Maßnahmen zuzuordnen, strategische und operative Pläne vorzubereiten. Dann schaffte es Peter H., Hauptabteilungsleiter, den Vorstand mit einer einzigen Frage sichtlich zu entnerven. „Fragen Sie mich etwas Leichteres" war dessen Antwort. H. wollte wissen, nach all den langen Diskussionen im Detail, wohin das Unternehmen im ganzen eigentlich steuere. Wie es mit seiner langfristigen Zukunft aussehe. Eine Antwort darauf blieb der Vorstand schuldig. Abgesehen von bekannten, phrasenhaft und unspezifisch wiederholten Schlagworten der „besseren Qualität", „stärkeren Kundenorientierung", „größeren Wettbewerbsfähigkeit" kam nichts. Peter H. berichtete von diesem Ereignis später auf einer Tagung über strategisches Management. Und konnte seine Erfahrung mit Kollegen teilen, die aus eigenem Erleben vergleichbare Geschichten erzählten.

In welchem Zustand, so könnte man rhetorisch einwerfen, muß ein Unternehmen sich gegenwärtig befinden, wenn schon solche Begriffe wie Qualität, Kundenorientierung und Wettbewerbsfähigkeit als Visionen(!) angesehen werden? Immerhin lobenswert, daß der Vorstand dieses Unternehmens die genannten Werte mit der Zukunft seines Betriebs zu verbinden wußte.

Solche Begriffe sind in aller Munde. Doch was haben sie mit eigenständiger Kompetenz, visionärer Effizienz zu tun? Wieviel steckt dahinter an verfügbaren unternehmerischen Potentialen? Und wieviel davon geht auf das Konto phantasiearmer Nachahmung, ungeniert und papageienhaft präsentiert?

Vom Dilemma einer brauchbaren Orientierung

Viele Unternehmen sehen sich durch parallel verlaufende Entwicklungen zunehmend in der Zwickmühle. Da ist auf der einen Seite der heftige Druck zur Kostenführerschaft. In den Köpfen der meisten Führungsverantwortlichen hat dieser Druck eine Mentalität des Controlling einseitig begünstigt, es als heimlichen Maßstab für die gesamte Unternehmensführung etabliert. Doch Kostenorientierung – so entscheidend wichtig sie für das Überleben einer Firma ist – erzeugt nur selten Phantasie und Innovation. Noch weniger entsteht durch sie die Kompetenz, brauchbare Visionen zu entwickeln. Kostenorientierung erhöht bestenfalls den Druck, endlich zu reagieren. „Reagieren" heißt in vielen Fällen aber leider nur, einem mißlichen Geschehen längst überfällig hinterher zu innovieren, statt innovative Kompetenzen präventiv zu entfalten oder sie proaktiv ins Spiel zu bringen.

Die hochgezüchtete Mentalität zur Kostenführerschaft birgt langfristig erhebliche Risiken des Scheiterns, wenn sie nicht ergänzt und relativiert wird durch die Fähigkeit, die unternehmerische Zukunft visionär und im Sinne dialogischer Verantwortung zu gestalten. Das Risiko einsilbiger Kostenorientierung besteht darin, daß sich Handeln nur lohnt, wenn es in Kostendimensionen erfaßt und als solches günstig dargestellt werden kann. „Die Welt verbessern" zu wollen – aus dieser Sicht eine sinnlose Investition.

Was kostet eine Vision? Sie führt gerade dann zu hohen Kosten, wenn sie ausbleibt. Wenn ein Unternehmen die Auseinandersetzung mit ihr versäumt hat und nach Jahren plötzlich als eine Art Verlierer, etwa in Marktanteilen, Qualitäts- oder Technologiesprüngen, dasteht.

Dies zu erkennen – zum Teil aus schmerzlicher Erfahrung – hat in der unternehmerischen Landschaft eine Gegenbewegung ausgelöst: Visionen sind aufs neue hoffähig, sozial erwünscht und werden allerorts diskutiert. Kaum ein Unternehmen kann es sich mittlerweile leisten, ohne langwierige und teuere Beratungsprozesse seine Unternehmensleitbilder zu formulieren und Unternehmensleitlinien aufzustellen. Dies zu tun verfolgt meist mehrere Ziele: zum einen „schlanker“ und effizienter zu werden, zum anderen das Image zu verbessern und hoch motivierte Mitarbeiter zu gewinnen oder bei der Stange zu halten.

Taugliche Visionen zu entwickeln ist für manche Manager dennoch schwierig. Visionen, die den künftigen Schnittstellen zwischen inneren und äußeren Umfeldbedingungen gerecht werden und sich nicht bloß am jeweils eigenen, vertrauten Kontext orientieren, während sie den äußeren Kontext wie dessen langfristige Folgen und Rückwirkungen mißachten. Es gilt, im Management das Verständnis für die Bedeutung komplexer Kontextbeziehungen zu erhöhen, sie nicht auf das zu reduzieren, was gerade naheliegend oder vertraut zu sein scheint. Gerade dazu ist die Versuchung groß (Dörner, 1990), und die visionäre Betrachtung der Zukunft wird auf ein paar vertraute Aspekte herabgestutzt.

Visionäre Kompetenz umfaßt schließlich mehr als mit Hilfe von Brainstormings ein paar ansprechende Begriffe zu suchen, auf Kärtchen zu schreiben, zu clustern und von farbenfrohen Wölkchen umrandet auf Pinnwände zu kleben. Moderations- und Metaplantechniken sind hilfreich, sie unterstützen die Arbeit und das Gedächtnis. Aber ihre Anwendung ist weder Ersatz für visionäre Effizienz noch für Handlungs- und Führungskompetenz.

Die Firma – ein hilfloser Karrierepatient

An der Stelle plakativen Demonstrierens machen viele Unternehmen halt. Zu früh, denn plakative Arbeit auf Folien und Flip-Charts ersetzt nicht das tiefergreifende Training visionärer Kompetenz. Die Firmen verwechseln das Verbalwissen, das hinter papiernen Resultaten steckt, mit der Handlungskompetenz, um eine Organisation verantwortlich in die Zukunft zu führen – und um ihre Mitarbeiter auf die Herausforderung neuer Ansprüche, veränderter Kontexte, erhöhter Komplexität vorzubereiten. Plakatives Arbeiten kann manchmal den hilflosen Umgang mit Visionen retuschieren – aber nicht kurieren. Und so passiert es, daß Firmen daherkommen wie Karrierepatienten beim Arzt. Ein Karrierepatient zeichnet sich dadurch aus, daß er seine eigene Symptomatik beschreiben kann wie kein anderer, alle Ursachen kennt und sie bis ins Detail erklärt. Bis er letztlich das umfangreiche Vokabular sämtlicher verfügbaren therapeutischen Ansätze beherrscht. Nach einer Weile wird er darin selbst manchem Arzt, den er konsultiert, überlegen. Nur gesund wird er nicht, und kein Doktor kann ihm ernsthaft helfen. Der Karrierepatient marschiert von einem Heilkundigen zum nächsten. Er lernt dabei alle Betrachtungsmöglichkeiten für sein Leiden kennen und läßt sich jede Sichtweise genau erklären. Die Verantwortung für seine Gebrechen wie für deren Heilung sucht er allerdings niemals bei sich, sondern immer bei dem, den er als Behandelnden aufsucht. Er fühlt sich nicht verplichtet, von sich aus etwas für seine Gesundung zu tun. Stets ist aus seiner Sicht der andere, der Mediziner in der Bringschuld. Und so hält er sich nicht einmal an die Regeln, die er mit einem Arzt vereinbart hat, um etwas zu tun oder zu lassen. Statt dessen geht er mit einer mangelnden Bereitschaft, therapeutische Maßnahmen zu befolgen (vgl. Miltner, Birbaumer, Gerber, 1986), weiter zur nächsten Fachkraft, um das Spiel wieder von vorne zu beginnen.

Ein teures Spiel, das so manche Unternehmen in vergleichbarer Weise pflegen. Bei der Frage nach ihrer Zukunft legen diese Firmen wenig Wert darauf, Eigenverantwortung und selbständige Kompetenzen zu entfalten. Vielmehr erliegen sie der Versuchung, einen Berater nach dem nächsten zu engagieren. Mit wechselnden Vorzeichen, alternativen Trends, anderen Stoßrichtungen. Dieses Vorgehen könnte perspektivische Vielfalt bringen und Kompetenzen anreichern, wäre es nicht von der fortwährend gleichen Dynamik geprägt. Nämlich „Genesung" immer aufs neue in der nächsten aktuellen Botschaft zu suchen, doch stets von außen angestoßen.

So lernen Führungskräfte und Mitarbeiter sprachlich das gesamte Repertoire verfügbarer, moderner Reorganisationsmodelle kennen. Sie lernen, es durch Präsentationen aller Art zu reproduzieren. Aber sie lernen nicht, das neuerworbene Repertoire als eigenverantwortliche Ressource in ihr persönliches Handlungs- und Erfahrungswissen zu integrieren.

Organisationen folgen darin oft dem gleichen Prinzip: Die, die unter besonders hohem Kostendruck stehen, bezahlen auf der anderen Seite teures Geld und lassen in ihrem Eifer nicht eines der marktfähigen Modelle aus der etablierten Reorganisations-Szene aus. Ist ein Berater nicht schnell genug erfolgreich, kommt der nächste an die Reihe.

Auf diese Weise veräußern Unternehmen ihre visionäre Kompetenz, indem sie zukunftsweisende Begriffe und Modelle wie auf einem Bazar einkaufen und zugleich den Anspruch für deren Wirksamkeit in fremde Hände verlagern. Sie delegieren gleichsam die Verantwortung für visionäre Effizienz, um im Falle einer Enttäuschung mit dem nächsten Händler um den Gegenwert ihrer eigenen Zukunft zu feilschen.

Die Gestaltung der Zukunft scheint käuflich zu werden, indem Berater und deren Konzepte als „Ware“ verhandelbar sind. Nicht die eigene Kompetenz, sondern das Angebot an Modellvielfalt erzielt die höchste Attraktivität. Gekauft wird nicht, was dem Organismus der eigenen Organisation fehlt, ihm förderlich sowie in der Anwendung zuträglich ist, sondern was in populärwissenschaftlichen Gazetten als Trend der Saison feilgeboten wird.

Für die Unternehmen hat das Folgen: So wie verschiedene Reorganisationswellen in Mode kommen, geraten sie, oft beinahe unbesehen, in die Unternehmen. Das regelmäßig vorgetragene Postulat nach permanentem Wandel ändert nicht viel an der grundlegenden Misere, daß hinterhereilende oder unreflektierte Innovationen wenig helfen, die visionäre Kompetenz eines Unternehmens zu stärken. Verantwortung für die eigene Vision wird nach traditionellen Mustern delegiert – von „außen“ nach „innen“, anschließend von „oben“ nach „unten“ – und nicht hinreichend im dialogischen Prozeß kommuniziert. Nach diesem „Rezept“ wechseln Reorganisationswellen einander ab. Doch auf welche Weise läßt sich ihr Mit- oder Nebeneinander verständlich zusammenfügen? Exakt an dieser Leistung mangelt es. Diese Leistung muß aus dem Betrieb selbst erwachsen, soll eine Vision zum Gelingen führen. Sie setzt Kompetenz und Verantwortung voraus, die über konventionellen Beratungsleistungen liegt. Sie bedeutet, aus einer übergeordneten „Hubschrauberperspektive“ das aktuelle Geschehen zu betrachten, sinnvolle Schnittstellen im Zusammenspiel verschiedener Kontexte, die Ebenen ihrer Vernetzung und auch die Grenzen dieser Prozesse zu erkennen. Diese übergeordnete Betrachtungebene einzunehmen und über sie visionäre Prozesse zu führen stellt eine zentrale Schlüsselkompetenz im Umgang mit der Zukunft dar.

Die Effizienz visionärer Prozesse

Manager unterschätzen mitunter den Wert, den visionäre Szenarios für die Entwicklung ihrer Betriebe bewirken können. Das mag daher rühren, daß sie sich auf eigene, alte Erfahrungen beziehen, die sie mit früheren, unbrauchbaren Visionen schon durchlebten. Waren sie damals nicht erfolgreich, um ihre Visionen praktikabel umzusetzen, „erwarten“ sie dies implizit für alle weiteren zukunftsorientierten Schritte. Hinzu kommt das psychologische Moment, daß strategische Mißerfolge die verantwortlichen Führungskräfte oft verunsichern und in der Folge das gesamte Innovationsklima prägen. Szenario-Techniken, die einen kompetenten Umgang mit Unsicherheitsfaktoren voraussetzen und methodisch einschließen, schüren in solchen Betrieben die Versagensangst, statt sie zu mindern. Das begünstigt bei den Verantwortlichen die Neigung, sich auf Methoden der Zukunftsbewertung zu beschränken, die nur eine künftige Option zulassen und deshalb als „sicher" erscheinen. Der Kreislauf, der sich dann in Bewegung setzt, ist fatal: Sicherheitsorientierte, eindimensionale Vorstellungen von der Zukunft zielen häufig an der künftigen Wirklichkeit vorbei. Sie führen nicht zum erhofften Ziel. Der resultierende Schaden, von den Betroffenen als Mißerfolg erlebt, führt selten zur Besinnung. Statt durch eine kritische Schadensanalyse eigene Verhaltens-, Interaktions- und Entscheidungsmuster aufzudecken, die zu Fehlentwicklungen führen, gewinnt das ursprüngliche Bedürfnis nach Sicherheit noch stärker an Bedeutung. Eindimensionales „Klammern" wird heftiger, sich davon zu lösen noch schwerer.

Dieser Dynamik wird ein Unternehmen kaum entkommen, wenn es nicht innovative Kompetenzen und Lernprozesse aktiviert, die auch innovative Potentiale im Umgang mit der Zukunft freisetzen.

Denn ihr kontinuierliches Bedürfnis nach Sicherheit (oft begleitet von nimmermüden Monologen über kontinuierlichen Wandel) verleitet solche Manager dazu, die Ursachen für ihr stetes Mißlingen nicht in eigenen Führungs- und Kompetenzschwächen zu suchen. Statt dessen fliehen sie lieber so schnell wie möglich in neue Zielvereinbarungen.

Oder sie fahren ihre „bewährte" Alternativstrategie, sich ein weiteres Mal mit vorläufigen Wunschbildern, vagen Vorstellungen und unrealistischen Annahmen für mittel- und längerfristige Betriebsergebnisse zu begnügen. „Denn so haben sie es immer schon gemacht." Die korrigieren sie für ihre Jahresbilanzen dann turnusmäßig wieder, weil sie tatsächlichen Entwicklungen in keiner Weise entsprechen.

Im Zuge dieser wiederholten Praxis erlernen die Firmen, die zahlreichen Spielarten einer „aktiven Vorausvermeidung" professionell zu variieren. Die zeigen sich in der Tendenz, durch immer neu entfachten Aktionismus nachhaltiges Lernen zu unterbinden. Auf den ersten Blick hat das sogar einen Wert. Verantwortliche Führungskräfte können alte Fehlleistungen stets aufs neue übertünchen. Das ganze mutet nach einer Weile jedoch an wie das Prinzip der Körperpflege im alten Versailles. Wenn es längst juckt und riecht, trägt man auf alte Puderschichten lieber ein paar weitere Lagen parfümierter Salben auf, statt mit einen Kübel frischen Wassers eine kalte Dusche zu riskieren. Mit der Konsequenz, daß die Läuse und Flöhe sich noch tiefer in den Pelz eingraben. Oder, im „übertragenen" Sinn, daß die Kunst und Kompetenz zu echter Wettbewerbsfähigkeit zunehmend in hohlen Floskeln erstickt. Ein Thema, das bei der Entwicklung problematischer Lernprozesse noch genauer zu betrachten sein wird.

Wenn die „lernende Organisation" Destruktives lernt

Wenn von der „lernenden Organisation" die Rede ist, spricht der Zeitgeist – aus dem Munde vieler Berater und Führungskräfte – meist nur im Sinne einer positiven Herausforderung: die „lernende Organisation" als Modell der Zukunft, als Instanz zur Lösung komplexer Probleme. Das ist aber nur eine Seite der Betrachtung.

Mitunter findet organisationales Lernen statt, das unter negativen Vorzeichen läuft und unerwünschte Folgen hat. Und dennoch ist es „organisationales Lernen", ganz im Sinne des Wortes.

Ein Unternehmen kann lernen, wirksame Veränderungsprozesse auf mannigfache Weise gegeneinander auszuspielen. Es kann die Kunst destruktiven Lernens veredeln, indem es „aktive Vorausvermeidung" nicht nur pflegt, sondern zum Prinzip des „organisationalen Lernens" in der Firmen- und Innovationskultur erhebt. Das passiert, wenn fundierte Analysen von künftigen Kontexten unterbleiben. Unterscheidungen werden nur auf der Basis von „Ist-Soll"-Vergleichen angestellt. Das „Was ist jetzt – was soll sein" wird erörtert, ohne besondere Mühe darauf zu verwenden, wie sich der Kontext des „Jetzt" von dem des „Soll" unterscheidet.

Künftige Ziele werden auf der Grundlage von jetzt erlebten Kontexten formuliert. Dazu paßt die Beobachtung, daß ernsthafte Bemühungen einzelner Verantwortlicher, ihre unternehmerischen Visionen durchzusetzen und effizient zu gestalten, im betrieblichen Umfeld gern abgewürgt werden. „Zu teuer", lautet oft das Scheinargument, das im Nachhinein mangelhafte Resultate unzureichender visionärer Kompetenzen legitimieren soll. Manche Manager wenden sogar die methodischen Schritte destruktiv an, die den Szenariotechniken zugrunde liegen. Formal haben viele von ihnen gelernt, derartige Instrumente einzusetzen. Doch statt diese Instrumente dem Umfeld eines Unternehmens entsprechend aufzubereiten, sie problemgerecht zu definieren, lösungsorientiert zu konzipieren und flexibel einzusetzen, wenden Manager diese oftmals zu uniform und technokratisch starr auf jedwede Situation nach den gleichen Schemata an. Egal wie unterschiedlich eine Situation im Vergleich zu anderen sein mag. „Schuld" an der nachfolgenden Misere sind aus der Sicht dieser Manager dann oft die äußeren Umstände, oder die unvorhersehbaren Entwicklungen (die sie aus ihrem Methoden-Kanon ja systematisch ausgeblendet haben statt sie als wertvolles Moment zu nutzen). Schnell sind auch die Methoden und Konzepte selber „schuld", die in ihren Augen einfach nichts taugen und flugs durch neuere Marktangebote ersetzt werden. Destruktives organisationales Lernen reicht so über die Dimension von Inhalten und Zielen hinaus und erfaßt den Umgang mit Management-Instrumenten und -Methoden.

Wenn Szenario-Instrumente oder andere Verfahren nicht zum erwünschten Ziel führen, liegt das aber nicht immer an deren mangelhafter „Brauchbarkeit". Die kritischen Momente solcher Verfahren entstehen vielmehr in der praktischen Anwendung: Wie setzen Führungskräfte und Mitarbeiter sie in einzelnen Situationen ein? Schematisch – oder variabel und mit vielseitigem Nutzen? Wie implementieren sie Ergebnisse, die Szenario-Prozesse nach sich ziehen? Nach alten Schemata, oder mit Hilfe innovativer Verfahren, die innovativen Zielen gerecht werden?

Szenario-Techniken als Lernstätten

Szenario-Instrumente erlauben, über die Zukunft eines Unternehmens vielseitige Perspektiven zu entwickeln. Sie zielen nicht auf ein einseitiges Bild von der Zukunft ab. Die Szenario-Technik (von Reibnitz, 1991) entwickelt unterschiedliche Standpunkte, um die Zukunft und deren Kontexte zu bewerten und sie kontrolliert zu nutzen. Ideen und Informationen über verschiedene „mögliche Zukünfte" werden eröffnet, die den verfügbaren Handlungsradius eines Unternehmens erweitern.

Mit Hilfe von Szenario-Instrumenten mögliche Zukünfte zu bewerten eröffnet für ein Unternehmen die Chance zu erkennen, welche strategischen und operativen „Optionen" geeignet sind, um der in der Zukunft liegenden Unsicherheit zu begegnen. Denkbare Zukünfte ziehen, in die Gegenwart „zurückgedacht", verschiedenartige Konsequenzen nach sich. Diese finden, je nach Zukunftsmodell, unter verschiedenartigen Kontexteinflüssen statt. Diese zu verstehen ist für die Überlebens- und Wettbewerbsfähigkeit eines Unternehmens von zentraler Bedeutung.

Daraus folgen zwei Schritte: Zunächst stellt sich die Aufgabe, geeignete Alternativen zu entwickeln, um den verschiedenen Zukünften gerecht zu werden. Ein Beispiel: Eine Annahme über die Zukunft könnte darin liegen, daß der internationale Wettbewerbsdruck zunimmt. Ein anderer, daß Energieprobleme gelöst seien, Umweltbelastungen geringer würden. Eine dritte Option könnte sein, daß globale Krisenregionen sich verschieben. Daß Energiesteuern Transporte radikal verteuern, und so weiter. Solche und andere Szenarien lassen sich erweitern, „neu" erfinden, in ihrer Aussage positiv oder negativ einfärben, oder eben aus verschiedenen Anschauungen über die Zukunft herausfiltern. Mehrere Teams einzubeziehen und in ihren Auffassungen zu konfrontieren, um systematisch verschiedene Positionen zu beziehen, unterstützt diesen Prozeß.

Solche Optionen können zu mehreren Szenarien gebündelt werden, die dann unterschiedliche Bilder von der Zukunft skizzieren.

Daraus werden jeweils Strategien abgeleitet sowie Global- und Teilmaßnahmen formuliert, mit denen die jeweilige Problematik bestmöglich zu beherrschen, synergetisch zu nutzen oder zu überwinden ist. Aus einem Pool von variablen Strategien werden diejenigen herausgefiltert und verbessert, die im Vergleich aller Zukunftsoptionen nicht bloß eine einzige, sondern möglichst viele Zukünfte bewältigen oder mitgestalten helfen. Die Evaluation dieser Strategien dient als „Hebel" für künftige Investitionen. Von ihnen sind dann die weiteren konkreten Ziele, Prozesse, Projekte und Teilschritte der Unternehmensführung abzuleiten.

Die Unsicherheit, die in der Zukunft liegt, wird mit diesem Verfahren so weit wie möglich berücksichtigt und genutzt. Der besondere Wert der Szenario-Instrumente liegt nicht in einem einseitigen, vordefinierten Zukunftsbild, sondern in der Fähigkeit, unterschiedlichste Entwicklungszweige zu erkennen und mit ihnen umzugehen. Diese sind nicht als „Einmal-" oder „Ex-und-Hopp"-Verfahren gedacht. Wiederholt angewandt, verändern sie den Prozeß, „zukunftsorientiertes Lernen zu lernen". Sie beeinflussen die Innovationskultur und Kontextsensibilität eines Unternehmens. Und sie unterstützen das Training (oder „organisationale Lernen"), um mit künftigen Herausforderungen nicht rigide-schematisch, sondern intelligent-flexibel umzugehen.

Multiple Szenarios beugen Fehlinvestitionen vor

Die Unsicherheit, die in künftigen Entwicklungen von Märkten, Technologien oder Gesellschaften liegen mag, bleibt bei diesen skizzierten Verfahren gleichermaßen erhalten. Da schwer vorauszusagen ist, welche „Zukunft" sich langfristig als real erweist, konzentriert sich die dargestellte, multiple Szenario-Technik auf die Suche nach Handlungsalternativen, mit der viele denkbare Zukünfte abgedeckt werden können. Dazu gehört, präventiv die Kontext- und Nebenwirkungen abzuschätzen, die durch szenarioorientiertes Handeln selbst entstehen. Auch darin unterscheidet sich szenario-orientiertes Handeln von zahlreichen anderen Methoden der Zukunftsbewältigung, die mögliche Wechselwirkungen zwischen dem eigenem Handeln und künftigen Kontexten zuerst auf der Planungsstufe mißachten und dann auf der Realisierungsstufe ignorieren. Das Prinzip, die Zukunft „richtig" vorauszusagen zu wollen und abweichende Möglichkeiten auszuschließen, liegt manchen Formen der Trendanalyse, Extrapolation, Vorhersage zyklischer Rhythmen oder „Delphi-Technik" zugrunde.

Letztlich entscheiden bei diesen Instrumenten Experten darüber, welche Zukunft mutmaßlich eintritt. Die Unsicherheit, die mit der Entwicklung eines Unternehmens und seiner Umwelt verbunden ist, wird soweit wie möglich ausgeblendet. Oder sie wird durch andere singuläre statt systemische Zukunftsoptionen ersetzt.

Treten die getroffenen Voraussagen nicht ein, dann sind mit den resultierenden Fehlentscheidungen meist gigantische Fehlinvestitionen verbunden. Dafür gibt es zahlreiche Beispiele, die hier nicht im einzelnen aufgelistet werden müssen. Deren gemeinsamer Nenner liegt in der Tatsache, daß verantwortliche Manager weder die Prozesse von Szenario-Verfahren beherrschen, noch deren Sinn im Hinblick auf ihre Unternehmensführung verstehen. Sie neigen dazu, die Zukunft zu sehr nach simplifizierenden monetären Gesichtpunkten zu bewerten, statt nach Kontextbedingungen zu forschen, die auf das Gelingen oder Scheitern der Unternehmensführung großen Einfluß nehmen. Im unschönen Fall, wenn sie von unvermutet negativen Ereignissen überrascht werden, suchen sich manche Verantwortliche mit dem Argument einer „höheren Gewalt" zu entlasten. Die läßt sich nicht ausschließen. Aber manche der unerwarteten Ereignisse, die über ein Unternehmen hereinbrechen, waren oftmals nur in den linearen Denkmodellen einer scheinbar gut gedeuteten Zukunft nicht vorherzusehen.

Betroffene Manager fragen zu selten, inwieweit Fehlurteile und unliebsame Überraschungen auf Schwächen zurückgehen, die ursächlich in ihren eigenen unzureichenden visionären Kompetenzen zu suchen sind.

Hilflosigkeit führt zu rigidem Handeln

Warum hängen viele Führungskräfte an ihren linearen Denkmodellen über die Zukunft, auch wenn sie gern vom kontinuierlichen Wandel reden? Warum ist es für manche schwierig, aus eigenen negativen Erfahrungen zu lernen? Dabei spielen psychologische Gründe eine wichtige Rolle.

Der gemeinsame Nenner der linearen, einsilbigen Zukunftsmodelle wie der Extrapolation, Trend-Analyse oder „Delphi"-Technik liegt im Versuch, jeweils eine Vorstellung von der Zukunft herauszufiltern, die den meisten Fachkundigen als wahrscheinlichste, „sicherste", gilt. In eine derart extrahierte, als „richtig" betrachtete Zukunft investieren die Firmen. Sie stellen unternehmerische Ziele darauf ab und leiten entsprechende Maßnahmen ein. Zunächst bringt das scheinbar doppelten Gewinn: Orientierung im Chaos einer ungewiß erscheinenden Zukunft und ein subjektives Gefühl von Sicherheit. Diese wirkt autosuggestiv: im sicheren Glauben zu wissen, was die Zukunft bringt, erscheint die Komplexität künftiger Möglichkeiten drastisch reduziert. Lernprozesse, die notwendig wären, um eine komplexe Zukunft zu bewältigen, lassen sich aus dieser begrenzten Sicht sofort problemlos standardisieren. Den Erwerb genormter Kompetenzen können Unternehmen dann leicht auf den Einsatz vorformulierter Modulbausteine beschränken. Und diese entsprechen in vielen Fällen bereits einem vorgenormten Standard.

Ein genormter Standard vermittelt wiederum das Gefühl von Sicherheit. Genau das führt im Umgang mit der Zukunft zu einen Teufelskreis aus Halbkompetenz und mangelnder Phantasie. Denn ein reduziertes Profil an visionären Fähigkeiten mindert das Vermögen, vielseitigen Perspektiven zu folgen und die künftige Position eines Unternehmens aus unterschiedlichen Standpunkten zu betrachten. Eine genormte Zukunftssicht hilft den Verantwortlichen solange weiter, wie ihr Unternehmen einem vermeintlichen „Ist-Soll-Pfad" entlang zu beschreiben ist. Wenn sich gewisse Abweichungen einschleichen, ist es für eine Weile einfach, die trügerische Sicherheit aufrechtzuerhalten, die mit einem „Ist-Soll-Pfad" oft verbunden ist. Die wahrgenommene Komplexität künftiger Entwicklungen wird simplifiziert oder ignoriert. Bei diesem Vorgehen verbleibt noch für eine gewisse Zeit ein Interpretationsspielraum, selbst wenn schon erste Indizien die genormten Wahrnehmungsmuster nicht mehr decken.

Standardisierte Perspektiven versagen, wenn die Zukunft eine höhere, nicht mehr zu verleugnende Komplexität offenbart. Dann ensteht schnell das Gefühl von Hilflosigkeit. Und die führt, begleitet von erhöhtem Streß in der ganzen Organisation, meist zu rigiden Handlungsschemata.

Symptome unzulänglicher visionärer Kompetenz

Hinter rigiden Handlungsschemata verbirgt sich, aus Mangel an Alternativen, der Versuch, den eingeschlagenen Weg entweder über erzwungene Rituale oder durch verschärfte Machtdemonstrationen noch um eine weitere Etappe zu verlängern. Wenn aktionistisches Verhalten im Umgang mit der Zukunft versagt, kippt ein Unternehmen in formale Autoritätsbeziehungen zurück, die dann recht ungeniert ausgelebt werden. Auch „schlanke" Organisationen nehmen sich davon nicht aus. Wenn diese überfordert sind, können sich formale, autoritäre Beziehungsmuster zwar in weniger hierarchischen Stufen etablieren, dafür um so nachdrücklicher.

In gestreßten Unternehmen entsteht die Tendenz, daß „Lehmschichten" zwischen den Hierarchien in der Anzahl geringer, im Umgang miteinander aber nur dicker und undurchdringlicher werden.

Überforderung zeigt sich offenkundig auch in der Art, anstehende Probleme zu lösen. Sie werden zunehmend nach rigiden Vorgaben durchgezogen und stützen sich immer seltener auf eine differenzierte Entscheidungsführung. Zunächst scheinen sie auf einer Welle von überschwenglichem Aktionismus zu gleiten. Sie werden in atemberaubendem Tempo durchgepeitscht. Allerdings mindern Fehlentscheidungen die Arbeitsqualität, Unzufriedenheit prägt das Team- und Führungsklima, die Innovationskultur weicht einer Frustrationskultur. All dies kann für eine gewisse Zeit gut hinter futuristischem Vokabular versteckt werden. Zugleich dominieren jedoch programmatische Vorgehensweisen und starke Top-down-Kontrollen das „organisationale Lernen". Ein derartiges, betriebliches Erscheinungsbild kann als Symptom unzulänglicher visionärer Kompetenz gedeutet werden.

Reduzierte Zukunftsperspektiven führen schließlich zu Lernprozessen, die quantitativ umfangreich, aber qualitativ eingeschränkt sind.

Sie folgen festgelegten Mustern. Diese beschneiden wiederum die Fähigkeit, die mögliche Varietät der Zukunft zu erfassen und gezielt zu nutzen.

Szenarien verlangen „gewandelte" Zeitperspektiven

Für manche Manager scheint es schwierig zu sein, ihre zeitliche Betrachtung umzustellen. Gewohnt, in „Zielen" oder „Ist-Soll"-Vergleichen zu denken, die vom Jetzt ausgehend in die Zukunft schielen, fällt ihnen das Bemühen um eine umgekehrte zeitorientierte Denkweise schwer: Bei der Szenario-Technik wird nicht von der Gegenwart aus in eine bestimmte Zukunft geplant, sondern aus der Betrachtung verschiedener denkbarer Zukünfte zurück in die Gegenwart. Man folgt nicht etwa einem „roten" Faden, sondern spinnt deren viele und verknüpft sie, wie bei einem Seil, miteinander zu einem Handlungsstrang. Im Vergleich zu einer einzelnen Schnur ist dieses fester, belastbarer, und dennoch flexibel.

Wer sich darauf einläßt, seine gewohnte Wahrnehmung zumindest für die Prozeßphasen der Szenario-Analysen umzustellen, wird darin ein wertvolles Training visionärer Kompetenzen erfahren. Statt künftige Unsicherheit und Komplexität durch lineare Modelle unzulänglich zu vereinfachen und dann vor dem Ruin gedanklicher Fehlleistungen zu stehen, bewirkt dieses Training das Gegenteil: Die Komplexität künftiger Entwicklungen zu erkennen und deren Unsicherheitsfaktoren zu meistern. Die Kontexte verschiedener Prozesse zu betrachten erhöht die Chance, die Wahrscheinlichkeit ihres Gelingens gezielt zu erhöhen. Neben einer veränderten Sicht auf die Zukunft beeinflußt dieses Training auch die Ressourcen an methodischen und sozialen Fähigkeiten: Unsicherheit auszuhalten, sie gezielt herauszufordern, die in ihr verdeckten Potentiale konstruktiv zu nutzen.

Lernprozesse durch „Competence-Center" implementieren

Vorsicht ist angezeigt, wenn Führungskräfte diese Szenario-Methoden und -Techniken zwar beherrschen, aber nur exklusiv im kleinen Kreis durchführen und die Ergebnisse anschließend für alle verbindlich, aber undurchschaubar in Zielvereinbarungen, Programme oder Handlungsnormen übertragen. Selbst vielseitig nutzbare, flexible Instrumente wie die Szenario-Technik können unter solchen Voraussetzungen zu einer rigiden Dynamik in der Unternehmensführung beitragen. Rigidität entsteht, wenn Visionen im Betrieb erst „von außen nach innen", etwa durch externe Berater, und dann „von oben nach unten" durch verschiedene Hierarchiestufen durchgedrückt werden.

Die Fähigkeit zur visionären Kompetenz, als Ausdruck organisationalen Lernens, wird durch eine rigide Dynamik behindert.

Der Praxistransfer von Lernprozessen verkümmert zunehmend auf einem strengen Top-down- oder Delegationsweg von „oben" nach

„unten". Für die Zukunft eines Unternehmens ist das ein eklatanter Rückschritt. Gerade in der systematisch erzeugten Vielfalt, die durch Szenario-Instrumente provoziert wird, stecken innovative Potentiale. Um sie freizulegen, brauchen sie eine *geeignete Resonanz in den funktions- und hierarchieübergreifenden Team- und Führungsstrukturen.*

Dann werden sie einem Unternehmen als umfassend angelegte, schnell aktivierbare Ressource dienen, um ungewöhnlichen, neuartigen oder kritischen Situationen souverän zu begegnen.

Nun wäre es schlicht zu teuer, personalintensiv und zeitraubend, diese Lernprozesse für sämtliche Führungskräfte und Mitarbeiter bereitzustellen. Das führt zu der Frage, wie Netzwerke entwickelt, installiert und Lernprozesse im Unternehmen implementiert werden können, um bei geringen Kosten eine vergleichbar hohe Effizienz zu erzeugen.

Die meisten Implementierungsmodelle, seien sie „von oben nach unten (top-down)", von „unten nach oben (bottom-up)", oder als „Sandwich- oder Keilstrategien" gedacht, folgen linearen Mustern.

„Top-down" umzudrehen in „bottom-up" klingt im ersten Moment revolutionär, ist es in einem vordergründigen Sinne auch. Aber es ändert nicht viel an der Dynamik solcher Lernprozesse: in beiden Fällen ist sie linear. „Bottom-up"-Strategien können hierarchisch übergeordnete Kontextbedingungen und -konsequenzen so wenig erfassen wie auf dem umgekehrten Wege eine strikte Top-down-Delegation.

Auch im Mittelmanagement einer Hierarchie, wie bei der „Keilstrategie", oder wie beim „Sandwich" an zwei Enden gleichzeitig anzusetzen, bleibt ein einsilbiger Prozeß und erzeugt keine unternehmensübergreifenden Netzwerke organisationalen Lernens und visionärer Kompetenz. Nur die Vorzeichen werden bei diesen Strategien, innovatives Lernen einzuführen, vertauscht. Aber die

Stoßrichtung und Dynamik folgt immer derselben Linie: einem genormten Format und nicht einem kompetenz-, aufgaben- und visionsübergreifenden Netzwerk zu folgen.

Ein solches Netzwerk zu entwickeln ist die entscheidende Herausforderung, um zukunftsweisende strategische Prozesse in Lernprozesse zu übertragen, auf die das gesamte Unternehmen bei zuträglichem Zeit-, Personal- und Kostenaufwand zurückgreifen kann. Das führt zum einem Ansatz, der mit dem Begriff „Multifokal“ oder „Multiple Nucleus“ (vielzähliger Kern) überschrieben ist. „Multiple Nucleus“-Teams bestehen aus einzelnen Personen oder kleinen Teams aus verschiedenen Arbeitsbereichen. Diese bereiten innovationsorientierte Prozesse funktions- und hierarchieübergreifend vor. Sie stehen dem Unternehmen als „Competence-Center“ zur Verfügung, um Visionen, Strategien und Zielsysteme in ihren relevanten Wechselwirkungen für das Unternehmen zu verstehen, zu vernetzen und erforderliche Kooperationen darauf abzustimmen. Eine Firma, die Competence-Center aufbaut, miteinander verbindet und durch gegebene Organisationsstrukturen unterstützt (seien diese lineare, Matrix- oder Projektorganisationen), erhält eine Plattform, um Veränderungen von innen zu initiieren, zu implementieren oder in coachender Funktion zu betreuen.

Kontextfaktoren zeigen „Persönlichkeit“

Die Fähigkeit, sich auf unterschiedliche Szenarien vorsorglich einzustellen, stellt eine Kernkompetenz zukunftsorientierter, lernender Organisationen dar. Sie ist wichtig, um verschiedene Kontextbeziehungen und Wirkungsnetze zu erkennen und präventiv zu nutzen, statt aus Mangel an visionärer Kompetenz deren Komplexität unzulässig und mit unkalkulierbaren Fern- und Nebenwirkungen zu simplifizieren.

In Szenarien, die die Zukunft eines Unternehmens nicht eindimensional, sondern aus zahlreichen Facetten betrachten, spielt das, was ein Unternehmen später gerne darstellen *möchte*, eine nachgeordnete Rolle.

An die Stelle unternehmerischer Wunschvorstellungen und Eitelkeiten tritt das aufmerksame Bemühen zu erkennen – und zu verstehen –, in welche Kontexte ein Unternehmen künftig eingebettet sein wird. Dabei ist zu analysieren, wie sich künftige Kontexte von den gegenwärtigen unterscheiden. Die Faktoren, die den Wandel eines Kontextes unterstützen, sind in erster Linie zu beachten. Denn durch diese Faktoren kann ein Unternehmen seine künftige Umwelt mitgestalten. Oder es kann diese Faktoren als „Fühler" nutzen, um die Wirkung erwünscher Änderungen ebenso wie unausweichliche Herausforderungen frühzeitig zu erfassen und sich präventiv darauf einzustellen. Sowohl die gestaltende wie die signalgebende Wirkung von Kontextfaktoren beinhalten große Werte für die Unternehmensführung und langfristige Sicherung betrieblicher Erfolge.

Bei der Kontextanalyse sind zwei Überlegungen wichtig:

- Erstens, wie tangieren verschiedene Kontexte ein Unternehmen?
- Zweitens, wie beeinflussen sie sich wechselseitig? Das heißt, wie bedingen, verstärken oder blockieren sie sich?

Manche Firmen, die Visionen entwerfen, stellen diese Fragen überhaupt nicht oder leisten diese Analyse nur unzureichend. Dann passieren grobe Fehler, die die künftige Entwicklung eines Betriebs betreffen. Diese verursachen erhebliche Risiken, wenn Unternehmen auf undifferenziertem Niveau in innovative Strategien investieren. Bisweilen beschränken sich Unternehmen in oberflächlichen Analysen darauf, nur diejenigen Einflüsse zu ermitteln, die unmittelbar und offensichtlich auf sie einwirken. Zwar ist der Versuch, diese Einflüsse im Fall von „Störfaktoren" auszugrenzen oder sie wenn möglich konstruktiv zu nutzen, nicht grundsätzlich falsch, in den meisten Fällen greift er jedoch zu kurz. Denn

Hintergrundfaktoren werden bei diesem Vorgehen zu wenig beachtet oder in ihrer Bedeutung und künftigen Wirkung verkannt.

Wenn die Bedeutung einer Situation kippt ...

Alle Faktoren, die auf ein Unternehmen einwirken, beeinflussen sich mehr oder weniger stark auch untereinander. Auf diese Weise bestimmen sie die Qualität und Bedeutung einer Situation, in die ein Unternehmen, dessen Ziele oder Visionen eintaucht. Das hat Folgen für die Unternehmensführung: Ein und dieselbe Vision wird etwas gänzlich anderes bedeuten, wenn sich ihr Kontext, ihr Bedingungsumfeld ändert. Um ein Beispiel, das schon angesprochen wurde, nochmals zu bemühen: Die meisten Kunden schätzen strikte Kostenorientierung, die sich in günstigen Preisen niederschlägt. Deren Bedeutung kann sich jedoch rapide ändern: Angenommen, das Bemühen um Kostenführerschaft wurde von einem betrieblichen Verhalten begleitet, das bislang niemand zur Kenntnis genommen hat. Dasselbe Verhalten kann im gewandelten Umfeld einer sensibilisierten öffentlichen Meinung erhebliche Kritik, Imageverlust und Geschäftseinbußen nach sich ziehen. Am Beispiel ökologischer Mißstände lassen sich solche Akzeptanzprobleme immer wieder erkennen und vernichten nicht selten den Wert von Kostenargumenten und deren Wertschöpfung.

Kontextfaktoren gleichen Vexierbildern. Einige Linien scheinen im Vordergrund, andere im Hintergrund zu sein. Je nach Sicht des Betrachters „kippt“ dieser Eindruck plötzlich, obwohl sich an den Linien selbst nichts ändert. Mit einem Mal taucht ein völlig anderes Bild auf. Mit etwas Übung kann ein Betrachter lernen, zwischen den Bildern „umzuschalten“, eine Zeichnung aus unterschiedlichen Perspektiven zu sehen, deren variable Bedeutungen zu erkennen. Ein Vexierbild „linear“ zu betrachten hieße, übertragen auf eine Vision, nur eine der möglichen Sichtweisen zuzulassen, also das Verhältnis der Linien, die den Vordergrund und Kontext markieren, starr zu definieren. Was aber, wenn die Sicht auf das Bild beim Betrachter dennoch kippt?

Intelligente Wahrnehmung in drei Schritten

Die intelligente Wahrnehmung einer Vision liegt darin, sie frühzeitig aus variablen Perspektiven zu sehen, deren verschiedene Bedeutungen zu verstehen und den Einfluß unterschiedlicher Kontexte auf das Unternehmen langfristig zu kalkulieren. Anders als beim Vexierbild kennen Visionen meist mehr als zwei Bezugsebenen, die es zu betrachten gilt. Um Visionen erfolgreich zu gestalten, sind deren vielfältige Kontextbereiche auszuloten. Dies geschieht durch wenigstens drei Schritte.

- Der erste Schritt liegt darin, unterschiedliche Perspektiven zu erzeugen, aus denen das Management die Entwicklung des Unternehmens betrachten kann. Solche Perspektiven können etwa die Sicht der Unternehmensführung, der Kunden, des Vertriebs, der Konkurrenten oder verschiedener Kulturen repräsentieren. Aus diesen Blickwinkeln sind jeweils diejenigen Kontextfaktoren zu ermitteln, die auf ein Unternehmen einwirken.

  In der Praxis zeigt sich schon auf dieser ersten Stufe das Risiko, daß manche Manager damit zögern, diesen Schritt auszuführen. Aus Sicherheitsbedürfnis oder subjektiver Angst vor Orientierungslosigkeit neigen sie dazu, sich auf lediglich eine Perspektive zu beschränken. Dann würden sie am liebsten alle ihre Mitarbeiter auf diese eine Perspektive verpflichten. Differenziertes Denken von Mitarbeitern könnte ihr eigenes mentales „System" gefährden. Solche Führungskräfte bevorzugen in aller Regel lieber lineare Prognosemethoden wie Trend- und Delphi-Analysen. Das hat zur Folge, daß viele Firmen sich in ihren Zukunftsanalysen immer nur auf diesem ersten, eingeschränkten Niveau bewegen.

  Doch auch, wenn Manager viele Perspektiven zulassen, nutzen diese nichts, wenn sie deren jeweilige Kontextfaktoren nur isoliert darstellen und ihre wechselseitige Verflechtungen nicht sichtbar machen.

- Der zweite Schritt einer intelligenten statt uniformen Wahrnehmung besteht darin, die Verzahnung von Kontexten nach innen (interne Kontextbeziehungen) und außen (externe Kontextbeziehungen) zu erkennen. Die Stärke und Richtung solcher Wechselwirkungen sind abzuschätzen. Sie geben ein Bild von der inneren und äußeren Qualität der Kontextbeziehungen wieder. Das erlaubt, die besonderen qualitativen Merkmale herauszufiltern, die Visionen für die gegenwärtige wie künftige Entwicklung von Unternehmen mit sich bringen.
- Das hat, im dritten Schritt, weitreichende Folgen für anstehende Entscheidungen. So wenig wie Kontextfaktoren für sich isoliert sind, so wenig können Entscheidungen losgelöst von deren Vernetzung getroffen werden, will ein Unternehmen nicht an der Zukunft vorbeientscheiden. Führungskräfte, die aus Fahrlässigkeit oder grober Unkenntnis derartige Aspekte vernachlässigen und vernetzte Faktoren für ihr Unternehmen nicht ins Kalkül zu ziehen, übernehmen die Hauptlast an Prozessen des Scheiterns.

Für die Planung von Maßnahmen, Projekten oder Prozessen ist es von zentraler Bedeutung, zu erkennen, auf welche Weise verschiedene Kontexte vernetzt sind, und welche Faktoren darin welche Rolle spielen. Schließlich „treffen" spätere Maßnahmen oder Projekte solche Faktoren, gezielt oder unwillentlich. Sie lösen damit erwünschte oder unerwünschte, starke oder schwache, planbare oder chaotische Effekte aus. Die wiederum auf ein Unternehmen und die Brauchbarkeit seiner Visionen zurückwirken.

Effektoren, Indikatoren, ambivalente Faktoren

Die meisten Manager sind damit befaßt, Visionen, Unternehmensleitbilder, Globalziele und Projektstrategien zu entwerfen. Dabei ist zu beobachten, daß sie den Einfluß und vor allem die Qualität von Kontextfaktoren als zu vernachlässigende Größe einstufen. Mit dieser Denke leisten sich Führungskräfte, im Sinne visionärer Wirksamkeit, einen leichtfertigen Fauxpas.

Kontextfaktoren zeichnen „Wirkungshöfe" vor, die eine Branche, eine Firma, eine Abteilung beeinflussen. Vor allem ist zu beachten, daß Kontextfaktoren sich gegenseitig in sehr unterschiedlicher Weise beeinflussen:

- Manche wirken auf andere massiv ein, werden von diesen aber kaum beeinflußt. Diese sind Wirkfaktoren, sogenannte „Effektoren".
- Andere Faktoren reagieren sensibel auf Einflüsse aller Art, ohne selbst eine nachdrückliche gegensinnige Wirkung zu entfalten. Sie haben überwiegend Signalwirkung und dienen als gute „Indikatoren".
- Ein dritter Typ von Faktoren reagiert äußerst ambivalent. Diese sind wie Indikatoren ebenfalls empfänglich für Veränderungen durch andere Faktoren, wirken auf diese aber heftig zurück. Entsprechend kann man bei ihnen von „Ambivalenzfaktoren" sprechen.
- Eine vierte Form von Faktoren liegt im „Weder-Noch"-Bereich. Sie reagieren selbst kaum auf Veränderungen und haben nur wenig Einfluß auf die übrigen Faktoren. Mitunter dienen sie als „Pufferfaktoren", an denen hitzige Veränderungen wieder nachlassen oder sich abkühlen. In letztere zu investieren hieße aber von vornherein, selbst bei hohem Aufwand nur geringe Wirkungen zu erzielen. Unter ökonomischen und prozeßorientierten Aspekten ist es wichtig, auch diese Faktoren zu erkennen, um hier Fehlinvestitionen zu vermeiden.

Kontextfaktoren weisen unterschiedliche „Persönlichkeiten" auf, die es zu beachten gilt. Denn wer würde verschiedene Charaktere nicht bedenken, wenn es tatsächlich um Personen, nicht um „Kontextfaktoren" ginge. Etwa um Kollegen oder Vorgesetzte mit vergleichbar unterschiedlichen Eigenschaften: Der eine sehr einflußreich, aber in seiner Art zurückhaltend, nur schwer aus der Ruhe zu bringen. Der andere ein Sensibelchen, der intensiv auf andere eingeht und stets mitfühlt, aber selbst wenig zu sagen hat. Der dritte dominant, mit starkem Auftritt, dabei aber launisch und leicht umstimmbar, je nach den Einflüssen, mit denen er gerade konfrontiert ist. Und der vierte autark, vielleicht auch unsensibel, ohne daß jemand viel Notiz von ihm nimmt.

Effektoren als Hebel einsetzen

Auf all diese Personen in der gleichen Weise zuzugehen – so zu tun, als gäbe es da keine Unterschiede, wird sich niemand über längere Zeit leisten können. Es sei denn, er verkörpert selbst jenen letztgenannten, wenig einfühlsamen „Typ". Im Umgang mit Kontextfaktoren glauben aber viele Manager, sich ein solch' uniformes Verhalten leisten zu können. Und reagieren dann überrascht, wenn ihnen plötzlich die weitere Entwicklung eines Prozesses entgleitet.

Denn innovative, insbesondere visionäre, langfristige Prozesse werden stark davon berührt, wie sich Faktoren vernetzen, aufeinander wirken, sich gegenseitig durchsetzen und verwandeln. In dieses Geflecht taucht eine Vision ein, findet die Hebel vor, über die sich Veränderungen im erwünschten Sinn erreichen lassen oder wirkungslos verpuffen.

Faktoren, über die andere Faktoren leicht zu beeinflussen sind, dienen als starke Hebel, weil sie eine dominante Stellung im gesamten Kontextsystem innehaben. Gleichwohl kann es passieren, daß Veränderungen, die von diesen Faktoren ausgehen, lange unbemerkt bleiben. Denn Faktoren, die selbst schwer beeinflußbar sind, bewegen sich kaum oder zeitlich nur stark verzögert. Dennoch bieten sie die besten Ansatzpunkte für nachhaltigen Wandel, sofern es gelingt, sie zu identifizieren und anzusteuern. Das zu beachten ist wichtig: Diese „Effektoren" haben nur eine geringe, unmittelbar „belohnende" Wirkung auf die Handelnden. Diese müssen nach anderen Faktoren Ausschau halten, um zu erkennen, ob das, was sie tun, Wirkung zeigt. Sie müssen nicht nur lernen, die Netzwerke hinter vordergründigen Faktoren zu verstehen, sie müssen auch aushalten lernen, daß sie nicht von unmittelbaren Auswirkungen ihres Handelns belohnt werden. Und sie müssen lernen, die Vorsicht aufzubringen, die geboten ist, wenn momentanes Handeln Effektoren trifft, die nicht unmitelbar, sondern zeitverzögert starke Konsequenzen und Rückwirkungen entfalten.

Indikatoren als Fühler des Wandels nutzen

Anders die Indikatoren: Für betriebliche Investitionen haben sie – wie für Insekten, die sich von falscher Attraktivität betören lassen – die Ausstrahlung einer fleischfressenden Pflanze. Denn Veränderungen an Faktoren anzusetzen, die leicht beeinflußbar sind, bringt im ersten Moment direkte Belohnung mit sich. Denn ein Indikator ist leicht zu beeinflussen, und so wird sich unmittelbar ein Effekt einstellen. Schneller Erfolg, große Freude! Doch der Effekt bleibt allzuoft auf diesen Indikator beschränkt, der sich selbst leicht verändern läßt, aber im gesamten Kontext wenig oder nichts bewirkt. Damit entsteht eine psychologische Falle, der es zu widerstehen gilt: in Indikatoren und deren Veränderung zu investieren, ist verlockend. Nirgendwo wird ein vermeintlicher Erfolg schneller sichtbar. Der sensible Indikator reagiert sofort und schluckt das eingesetzte Vermögen. Dieses Kapital ist jedoch verloren. Es hat vielleicht etwas bewegt (den einen oder anderen Indikator), aber nichts bewirkt. In einem zynischen Sinne eignen sich falsch genutzte Indikatoren ideal, um im Unternehmen einen permanenten Aktionismus aufrechtzuerhalten: Ständig tut sich etwas, ohne dabei nachhaltige Spuren zu hinterlassen.

Wer das Verhältnis von Effektoren zu Indikatoren zu nutzen weiß, hat größere Chancen, daß seine Strategien gelingen. Das Prinzip lautet: in Effektoren investieren, den Erfolg mit Hilfe von Indikatoren evaluieren. Welche Faktoren sich wofür eignen, sollte dabei nicht dem „Zufall", mangelnder Kompetenz oder unternehmerischer Fahrlässigkeit überlassen bleiben.

Vorsicht bei ambivalenten Faktoren

Ambivalente Faktoren sind neben den Effektoren die „Führungskräfte" im Wirkungsgeflecht eines Kontextes. Durchsetzungsfähig und empfindlich zugleich, sind sie jedoch mit Vorsicht zu genießen. Durch Ambivalenzfaktoren lassen sich im betrieblichen Umfeld drastische Änderungen bewirken. Durch den hohen Grad an Rückkoppelung mit anderen Faktoren wirkt deren Wandel mitunter sehr scharf auf die auslösenden Ambivalenzfaktoren zurück. Vor allem, wenn mehrere Ambivalenzfaktoren bei solchen Wandlungsprozessen beteiligt sind, vermag das eine kaum kontrollierbare und unüberschaubare Kettenreaktion auslösen.

Ambivalenzfaktoren zu identifizieren kann für das Gelingen betrieblicher Veränderungen ein überlebenswichtiger Schritt sein: Sie verlangen nach bewußt dosierten Maßnahmen, deren Verlauf und Wirkung genau zu beobachten und zu regulieren sind. Bei innovativen Entwicklungen dürfte ein dichtes Auftreten von ambivalenten Faktoren eher für eine behutsame Beschleunigung sprechen.

Die passive Ambivalenz der Pufferfaktoren

Pufferfaktoren sind die „Neutronen" im Kontextgeflecht. Sie sind wertvoll, um überhitzte Entwicklungen zeitweise zu entschärfen. Während Ambivalenzfaktoren sich gegenseitig aufschaukeln, dämpfen Pufferfaktoren die innovative Dynamik. Darin liegt aber auch ein Risiko: Mitunter dämpfen sie Entwicklungen im falschen Moment. Wenn ihr passives Element die Wechselwirkungen zwischen den anderen Faktoren durchsetzt und gleichsam zu viel Spannung aus dem System nimmt, kann ein Innovationsprozeß an zahlreichen Stellen versickern oder unverhältnismäßig viel Aufwand an Energien und Ressourcen erfordern. Dann, spätestens, gilt es diese Pufferfaktoren zu identifizieren, um ihren „Nicht-Einfluß", ihren mangelnden Beitrag zur Gesamtdynamik zu entschärfen. Die Kunst, Pufferfaktoren zu managen, liegt darin, sie nicht auszuschalten, sondern in flexible Netzwerke einzubinden. Bei zügiger Innovationsdynamik erlaubt ein flexibel geführtes Netzwerkmanagement, Pufferfaktoren zu überbrücken und deren Trägheit zu überwinden. Wenn Innovationen beschleunigen, „zu heiß" zu werden drohen und erforderliche Lernprozesse nur noch aktionistisch anreißen, dann können veränderte Netzwerkstrategien wieder zu einem innovationsverträglichen Tempo des Wandels beitragen. Die neutrale Rolle von Pufferfaktoren ist dafür hilfreich.

Pufferfaktoren sind in ihrer Trägheit ambivalent. Aus dieser Sicht bilden sie ein gewisses Pendant zu den Ambivalenzfaktoren. Während letztere Änderungsprozesse rasant und aktiv beschleunigen, provozieren Pufferfaktoren eine passive Ambivalenz. Im einem im wahrsten Sinn des Wortes „vor-sichtigen" und flexiblen Umgang mit Pufferfaktoren zeigt sich Management-Können.

Diese Faktoren sind weder geeignete Hebel, um Veränderungen loszutreten, noch sie haben sie irgendeinen „Belohnungswert" für die Akteure. Investitionen, die in Richtung dieser Faktoren fließen, verschwinden buchstäblich im Nichts, weil sie nichts bewirken, aber auch deren träge Gefahr nicht beseitigen. Wenn das Management ihre Position im Kontext einer Innovation nicht erkennt, können sie wie schwarze Löcher riesige Summen an Investitionen verschlingen. Unerkannt absorbieren sie enorme Ressourcen ohne den geringsten Effekt.

Die Fähigkeit zur interaktiven Vision

Intelligenz entsteht nicht durch monolithische Größe, sondern durch beziehungsfähige Vielfalt. Dieses Prinzip gilt in der Natur, in menschlichen Kulturen, im persönlichen Umgang miteinander. Es gilt vor allem im Umgang mit Visionen.

In jüngeren Arbeiten um Strategien der Unternehmensführung vollzog sich ein beachtlicher Wandel, um künftige Orientierung zu vermitteln. Von monolithischen Visionen, in denen einzelne

Unternehmensführer ihre Bilder von der Zukunft zu allgemein verbindlichen Positionen erklären, führt die Entwicklung hin zur „Shared Vision". Nach diesem Konzept gestalten nicht länger einige wenige ihre Visionen, denen die anderen lediglich zu folgen haben. Eine Vision gerinnt darin vielmehr zum Ausdruck eines gesamten Unternehmens. Alle Führungskräfte und Mitarbeiter sollten in der Lage sein, sich für eine Vision zu begeistern, sie mitzutragen, an ihrem Gelingen zu arbeiten. Aus der monolithisch delegierten Vision entsteht der Ruf nach einer von allen geteilten Vision. Die Leistungen, die ein Unternehmen erbringen muß, um diesem Anspruch gerecht zu werden, dürfen jedoch nicht unterschätzt werden.

Die Idee einer „Shared Vision" vermag aus unternehmerischer Sicht eine neue Perspektive eröffnen. Der Gedanke, der sich hinter diesem Konzept verbirgt, ist keineswegs neu. Er taucht in jahrtausende alten Traditionen, in verschiedenen sozialen Formen gesellschaftlicher Organisation und in vielen Religionen auf: Die Rede ist von einem „Sinn", den es zu suchen und zu „verinnerlichen" gilt. Einen „Sinn" zu finden bedeutet mehr als ein Ziel zu verfolgen. Eine Vision zu teilen umfaßt eine andere Qualität als sich auf eine gemeinsame Orientierung zu einigen.

Im Konzept einer geteilten Vision liegen Herausforderungen, die ein Unternehmen schnell an die Grenzen zwischen Motivation und Frustration führen können. Da ist zum einen die Grenze zwischen Ernsthaftigkeit und Scheinheiligkeit. Spiegelt die Informations- und Kommunikationskultur eines Unternehmens den Wille wider, Visionen ernst zu nehmen? Oder bleiben sie als abgenutzte Propagandainstrumente auf der Strecke, sobald neue Slogans die alten ablösen?

Damit Visionen keine Fremdkörper in der strategischen Unternehmensführung bleiben, genügt allein der gute Wille nicht. Selbst „Shared Visions", die alle Mitarbeiter eines Unternehmens in den visionären Prozeß einzubeziehen suchen, reichen für deren Gelingen nicht aus.

„Shared Visions" stellen eine wertvolle Zwischenstufe dar. Aber sie vermitteln nicht automatisch das wechselseitige Verständnis dessen, was eine Vision aus unterschiedlichen Aufgaben, Funktionen, Problemstellungen aus gesehen bedeutet. Sie schaffen alleine keine Klarheit, welche Zielkonflikte sich aus diesen Perspektiven ergeben, welche Lernprozesse auf unterschiedlichen Konkretisierungsstufen notwendig sind, wie sie in ein umfassendes Prozeßmanagement einzubinden sind.

„Shared Visions" systematisieren auch nicht die unterschiedlichen Erwartungen, die von unterschiedlichen Beteiligten und Betroffenen aneinander gerichtet werden – explizit oder implizit.

Führungskräfte können die Bedeutung einer Vision für ihre Mitarbeiter formulieren. Aber sie bleiben damit in einer Außenperspektive. Wie Mitarbeiter aus ihrem Standpunkt eine Vision begreifen, was dies für die visionären Vorstellungen der Vorgesetzten bedeutet und wie diese Einsicht wiederum auf die Sicht der Mitarbeiter zurückwirkt, läßt sich nur „von innen" heraus verstehen. Visionäre Perspektiven nicht von außen vorzugeben, sondern von innen zu verstehen, ist einmal mehr der Ausdruck einer dialogischen Verantwortung.

Um dies zu leisten, ist der Prozeß der visionären Gestaltung von der „Shared Vision" zur „Interactive Vision" weiterzuentwickeln.

Eine Vision, die von allen geteilt und getragen wird, erzeugt eine starke Motivation und eine schwungvolle Dynamik. Doch eine „Shared Vision" beugt zuwenig dem Risiko zu scheitern vor. Sie kann zusammenbrechen, wenn gegenseitige Mißverständnisse, Fehlerwartungen und Problemsichten in der wechselseitigen Bedeutung nicht ausgelotet werden. Eine geteilte Vision versagt, wenn sie inhaltlich uniform bleibt und nicht den unterschiedlichen Kontextbedingungen gerecht wird, unter denen sie Gestalt annehmen soll.

Manchen kompetenten Managern geht der besondere Wert ihrer Visionen verloren. Sie verstehen es, ihre Visionen zu „teilen" und andere dafür zu begeistern. Aber sie unterlassen den wichtigen

Schritt, ihre Visionen in interaktive Prozesse zu überführen und die damit verbundene Perspektivenvielfalt nutzbar zu machen.

Visionen gewinnen nicht durch ihre monolithische Größe an Intelligenz, sondern durch beziehungsfähige Vielfalt. Die Kompetenz zur „interaktiven Vision“ ist einer der bedeutsamsten Beiträge zur erfolgreichen strategischen Unternehmensführung.

Manche Unternehmen leisten enorm vieles in den unterschiedlichsten Sparten, aber vermögen nicht, dieses vielseitige Können zusammenzubringen. Bezogen auf das gesamte Unternehmen bleiben viele ihrer Leistungspotentiale Stückwerk. Da ist einmal die technische Perspektive: Welche innovativen Potentiale könnte ein Unternehmen, oder ein Verbund aus strategischen Allianzen, freisetzen, wenn es in der Lage wäre, Laserstrahlen, Eierkocher, Kernkraftwerke, Chips und Einspritzpumpen nicht nur zu produzieren, sondern wenn es, aus systemischer Sicht, die vielseitigen synergetischen Potentiale geschickt zu konfrontieren, zu integrieren und im Sinne einer visionären Führerschaft zu nutzen wüßte? Wer sich mit Stromerzeugung befaßt, kann andere visionäre Perspektiven ins Spiel bringen als jemand, der sich mit Verkehrstechnologie befaßt. Welche integrierenden visionären Modelle lassen sich ableiten, wenn sich solche oder andere „Ideenräume“ begegnen? Welche Konsequenzen für visionäre Strategien folgen daraus? Und welches handfeste Management-Können ist erforderlich, um multiple Projekte und Prozesse zum Gelingen zu führen?

Da ist zum anderen die kulturelle Perspektive. Verschiedene Subkulturen innerhalb eines Unternehmens, verschiedenartige Unternehmenskulturen in der Zusammenarbeit mehrerer Firmen oder ethnisch-kulturelle Unterschiede bei den „global players“ eröffnen eine Chance: Zu lernen, wie verschiedene Kulturen Probleme lösen, woran sie sich orientieren, auf welche Ressourcen sie vertrauen. Welche Vision akzeptiert wird, ist nicht nur eine Frage künftiger Notwendigkeit, sondern auch der vertrauten Kultur. Eine gesellschaftliche oder betriebliche Herausforderung wird durch verschiedene Kulturen verschiedene Antworten bekommen. Und diese Antworten umschließen verschiedene Wege, mit der Zukunft, ihren Problemstellungen und Lösungsmöglichkeiten umzugehen.

Technisch angelegte Netzwerke orientieren sich am „Was". Das kommt etwa in einer höheren Anzahl von Patentanmeldungen zum Ausdruck. Kulturell angelegte Netzwerke orientieren sich am „Wie". Innovative Lösungspfade, unkonventionelle Methoden und Instrumente und sensible Kontextwahrnehmung sind die Folge. Um technische und kulturelle visionäre Kompetenzen zusammenzubringen und zu nutzen, sind systemische Teamführung und innovatives Netzwerkmanagement unerläßlich. Dessen Ziel geht über die bloße Motivation und Begeisterung hinaus, alle Führungskräfte und Mitarbeiter in eine „Shared Vision" einzubinden. Es sucht nach Möglichkeiten, die Vielfalt technologischer und kultureller Perspektiven zu nutzen. Das gelingt, wenn vielfältige Visionen und Lösungsstrategien sich in einem systemisch geführten Prozeß begegnen.

Innovative Netzwerke gestalten

Bevor ein Unternehmen seine Visionen entwickelt und in der Konsequenz Leitbilder formuliert, sollte es sich nachdrücklich einige Leitfragen stellen:

- Welche Kosten entstehen dem Unternehmen, wenn es zunächst Visionen entwirft und dann Leitbilder ableitet, die sich als Wunschideen erweisen und keine langfristige Wertschöpfung erzielen?
- Wieviel Zeit und Energien gehen verloren, wenn Geschäftsleitung und Belegschaft immer wieder Ziele vereinbaren, die nur auf dem Papier stehen, aber keine Handlungskompetenzen im harten Wettbewerb vermitteln?
- Welchen Einsatz an menschlichen und finanziellen Ressourcen vergeudet die Firma, wenn sie durch Projekte und Prozesse Veränderungen initiiert, die auf halbem Wege wieder abgebro-

chen werden, versanden oder ihrem Innovationsanspruch nicht gerecht werden?

- Und wieviel unsinnig auflaufende Kosten könnte das Unternehmen sparen, wenn es bei wichtigen Vorgängen die Wahrscheinlichkeit ihres Gelingens steigern und das Risiko ihres Mißlingens verringern könnte?

Darüber führen Firmen nur selten Bilanz. Würden sie Verluste dieser Art „in den Griff" zu bekommen, bekämen sie enorme Rationalisierungspotentiale an die Hand. Aus der Sicht der Kostenführerschaft könnten diese viele gängige Methoden des Sparens, „Kleinstutzens" oder Reorganisierens übertreffen. Sie würden auch die verfügbare Investitionskraft für künftige Innovationen nicht beschneiden, wie dies bei zahlreichen, meist quantitativen Rationalisierungsmethoden häufig der Fall ist. Statt viel Geld, Humankapital und Führungsaufwand in fruchtlosen Vorhaben versickern zu lassen, ist es eine entscheidende Herausforderung für das Management, mit einem geringeren Einsatz an Ressourcen zusätzliche innovative Spielräume zu schaffen.

Wenn ein Unternehmen im Interesse seiner betrieblichen Effizienz und langfristigen Leistungsfähigkeit ebenso wie aus Kundenperspektive eine Spitzenposition anstrebt, kann es sich keinen nachlässigen Umgang mit seinen verfügbaren Ressourcen erlauben. Die wichtigen Ressourcen liegen aber nicht nur im erwirtschafteten Vermögen. Sie liegen ebenso in den Fähigkeiten seiner Führungskräfte und Mitarbeiter, ihre „vier Is" für eine kosten- und qualitätswirksame Entwicklung des Unternehmens zu aktivieren. Gemeint sind deren Ideen, Intelligenz, Initiativefreudigkeit und Innovationsbereitschaft. Diese bergen die Potentiale, die es einem Unternehmen erlauben, eine Top-Position zu erringen und im harten Wettbewerb zu verteidigen.

Als wesentliche Schritte gehören dazu:

- über das Bestreben zur Kostenführerschaft hinaus die Fähigkeiten zur visionären Führerschaft zu entwickeln,

- diese lösungsgerecht und praxisnah in konkrete Maßnahmen und Prozesse zu übertragen, und
- sie nicht als Flickschusterei anzulegen, sondern im Sinne einer Gesamtstrategie zu vernetzen.

Visionen auf künftige Kontexte ausrichten

Visionen nützen wenig, wenn das Know-how fehlt, sie situationsgerecht, also „vor Ort" in konkrete Maßnahmen zu übersetzen. Denn dieselbe Vision, zum Beispiel die der „kundenorientierten Qualitätsführerschaft", kann Unterschiedliches bedeuten, je nachdem in welchem Umfeld – Forschung, Produktion oder Vertrieb – sie zum Tragen kommt. Es ist zu prüfen, welche verschiedenen Konsequenzen ein „visionärer" Auftrag für unterschiedliche Aufgaben nach sich zieht, auch was er im Vergleich von Führungsanspruch und -kompetenz mit sich bringt, und welche kumulierten Herausforderungen daraus abzuleiten sind.

Ein Organismus gedeiht nur, wenn dessen Organe verschiedene, aber nicht voneinander isolierte Aufgaben übernehmen. Ähnlich muß ein Unternehmen lernen, neben seinen spezifischen Funktionen ein hohes Maß an wechselseitigem Verständnis, Koordination und Integration zu entwickeln. Das in Mode gekommene Zauberwort „Vernetzung" reicht dazu nicht aus, wenn es sich auf die Einrichtung von Besprechungsrunden, Dialogveranstaltungen, „round tables" oder technische Kommunikation beschränkt. Diese sind bestenfalls für einen mittelmäßigen Informationsfluß dienlich. Mit ihrer Hilfe lassen sich die Ergebnisse einer Zusammenarbeit in Etappen vorstellen und plakatieren.

Aber sie vermitteln den Beteiligten oft zu wenig Einsicht in Prozesse der Entscheidungsführung, in gegenseitige Annahmen und Erwartungen, in die Dynamik von Teilprojekten, in faktische oder psychologische Barrieren und andere Besonderheiten, die Lernprozesse bremsen oder beschleunigen. Um der Gefahr unüberschaubaren Stückwerks auf technologischer oder kultureller

Ebene vorzubeugen und die Spannungsfelder aus verschiedenen Potentialen aktiv nutzen zu können, ist ein geeignetes Netzwerk-Management erforderlich.

Die Arbeit in „Multiple-Nucleus"-Teams

Die schon erwähnten „Competence-Center" können technologie- und kulturübergreifend arbeiten, wenn sie die weitverbreiteten Schemata durchbrechen, Innovationen linear von „oben nach unten" oder „von unten nach oben" ins Unternehmen einzuführen. „Competence-Center" folgen „Multiple-Nucleus"-Strategien. Wie Knotenpunkte, die untereinander einen hohen Grad an Vernetzung aufweisen, verteilen sie sich über ein Unternehmen und sorgen für ein umfassendes Verständnis wechselseitiger Anforderungen und Aufgaben. Zugleich sind sie verantwortlich, um unterschiedliche Visionen, Projekte und Prozesse immer wieder in eine Gesamtorientierung einzubinden. Die Stärke dieser „Competence-Center" liegt zum einen darin, Fehlentwicklungen frühzeitig zu erkennen und ihnen vorzubeugen. Zum anderen sind sie darauf ausgerichtet, innovative Strategien zu initiieren, zu begleiten und in die unternehmerische Praxis zu übertragen.

Unternehmen begehen vielfach den Fehler, sich immer lange damit aufzuhalten, ihre formalen Organisationsstrukturen zu ändern. Das mag phasenweise wichtig sein, nützt aber ohnehin nicht viel, wenn transformierende Lernprozesse ausbleiben oder von „oben" nur diktiert werden.

Für eine brauchbare Arbeit von „Competence-Centern" ist es weitgehend unwichtig, welche formalen hierarchischen Strukturen einem Unternehmen gegenwärtig zugrunde liegen.

„Competence-Center" sind entweder in den „Organen" eines Unternehmens mitverankert oder werden eingesetzt, um im Zuge von Reorganisationen übergreifend für eine schnellere Kommunikation und Integration der innovativen Prozesse zu sorgen. Aus dieser Position können sie im Rahmen der gegebenen Strukturen

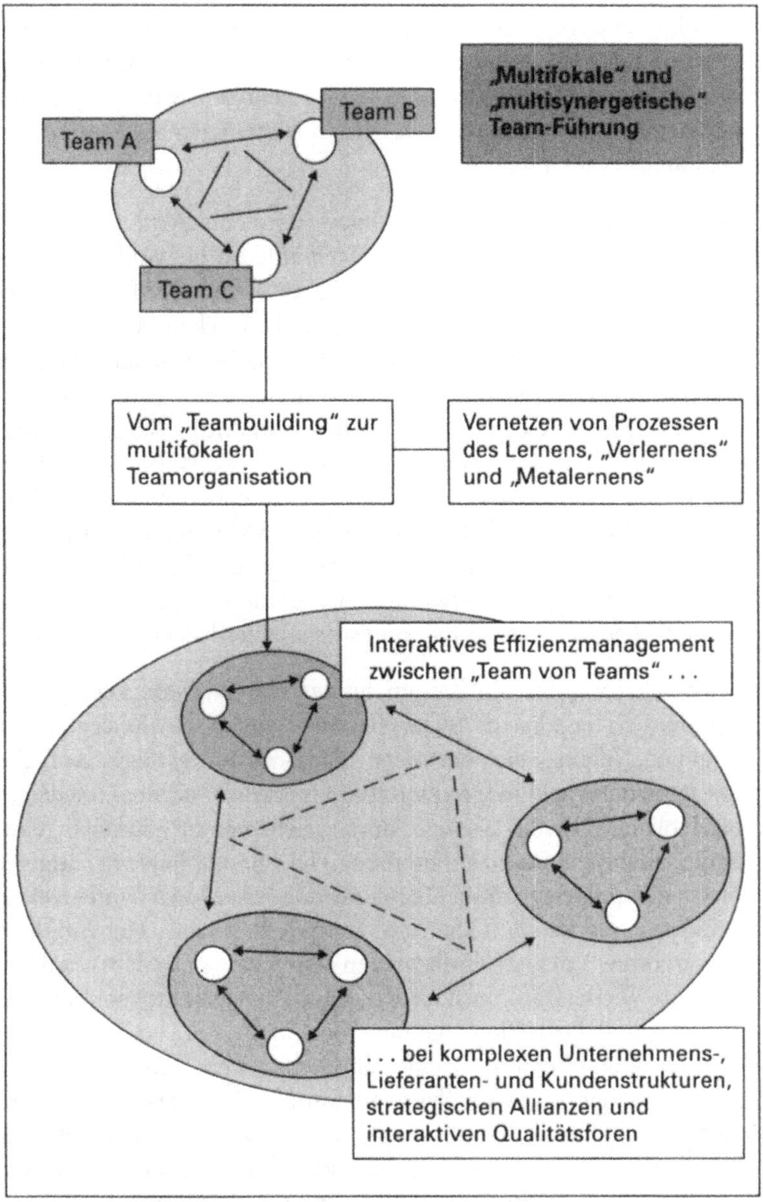

Teamführung als multifokales/multisynergetisches Effizienzmanagement

Projekte und Prozesse betreuen und für deren höhere Effizienz sorgen. Oder sie dienen als „Keimzellen“ für den Wandel einer Organisation. Der wird um so besser gelingen, wenn die „Competence-Center“ lernen, ihr eigenes Vernetzungsmanagement modellhaft zu variieren.

In diesem Sinn arbeiten Competence-Center als „Multiplikatoren“, die technologie- und kulturübergreifende sowie funktions- und hierarchieübergreifende Lernprozesse anstoßen, um Innovationen „von innen“ zu unterstützen. Diese erstrecken sich von der visionären Konzeption langfristiger unternehmerischer Strategien bis hin zur Realisierung von Detailmaßnahmen „vor Ort“. Die Wertschöpfung, die mit dem Einsatz von Multiplikatoren angestrebt wird, liegt vor allem in einer erhöhten „Wahrscheinlichkeit des Gelingens“. Zu ihren spezifischen Aufgaben gehört es, dafür Sorge zu tragen, daß in verschiedenen Unternehmensbereichen nicht voneinander isolierte Maßnahmen durchgeführt werden, sondern in ihren Wechselwirkungen verstanden, verzahnt und auf die jeweiligen Kontexte hin abgestimmt werden können.

Multiplikatoren, die in diesem Sinne arbeiten, sind keine „wandelnden Verteilerkästen“, die Gelerntes einfach an Kollegen weitergeben. Neben der normalen Tätigkeit ist es ihre Aufgabe, innovative Entwicklungen durch Kooperation mit dem jeweiligen betrieblichen Umfeld sowie durch selbstverantwortliches Coaching anzuregen und zu betreuen. Die Multiplikatoren agieren meist nicht als festgefügte Teams, sondern als Netz von einzelnen Personen oder als ein Team von mehreren Teams. Der mögliche Einsatzbogen der Multiplikatoren erstreckt sich dabei auf die gesamte Wertschöpfungskette, die durch anwendungsorientiertes Projekt- und Prozeßmanagement beeinflußt und verbessert werden kann. Das beginnt bei der Fähigkeit, unternehmerische Visionen, Leitbilder oder Globalziele aus variablen Kontextperspektiven zu analysieren und „harte“ wie „weiche“ Faktoren des Prozeß- und Projektmanagements zu steuern und reicht bis zum Know-how, resultierende Detailmaßnahmen zu integrieren und zu implementieren.

4 Von der Innovationskultur zur Innovationsführerschaft

Not macht erfinderisch – das gilt auch für Firmen. Ist das Kind erst in den Brunnen gefallen, werden Dutzende von Ideen ausgebrütet, Maßnahmen erdacht, Initiativen gestartet, um es wieder hochzuziehen. Meist gelingt es, das Baby zu bergen. Gelegentlich sogar zu einem Zeitpunkt, zu dem es noch lebt. Unternehmen scheinen dieses Sprichwort zu lieben. Wenn etwas ordentlich schiefläuft, mobilisieren sie alle Reserven. Bisweilen hilft es ihnen.

Dennoch ist dieses Sprichwort ein schlechter Ratgeber. Denn jede „Führungskraft" verbraucht viel Kraft, wenn sie immer aufs neue Notlagen meistern muß. Jedes Unternehmen verschleißt ungeahnte Kräfte, wenn es eine Innovationskultur pflegt, die bloß auf reaktiver Klugheit beruht. Reaktive Klugheit heißt, in der Not zu reagieren, erst Schaden nehmen zu müssen, bevor Strategien entwickelt werden, die intelligenter sind als das Verhalten zuvor.

Demgegenüber steht die präventive Klugheit, die viele Kräfte spart, auch „aufgeriebene Führungskräfte". Eine Klugheit, die es erlaubt, mit einem schlanken und intelligenten Stab an Führungsverantwortlichen zugleich hocheffizient und innovationsbewußt zu arbeiten.

„Die Klugheit, nicht aus Schaden klug werden zu müssen": mit diesen Worten überschreibt Franz Weinert (1991) eine Arbeit zum Thema Technikfolgenforschung und -abschätzung. Er trifft den Kern dessen, was Innovationen leisten sollten: eine Entwicklung zu modellieren, die verträglich ist und künftigen Schäden vorbeugt. Zwischen den Zeilen formuliert er, was Innovationen sich keinesfalls leisten dürften: durch Neuerungen erst Schäden zu provozieren, die es dann durch kostspieliges und schmerzliches Lernen zu reparieren gilt.

Die Klugheit, nicht erst aus Schaden lernen zu müssen, könnte als Leitfaden für innovative Managementstrategien, als „Policy der Innovation", als innovationsethischer Anspruch dienen. Diese „Qualität der Klugheit" zielt darauf, Verhaltensweisen und deren Wechselwirkungen im Sinne einer Innovationskultur zu beeinflussen, noch bevor konkret definierte Innovationsziele zu realisieren sind. So wie jemand, der sich „kultiviert" zu benehmen weiß, dies unabhängig von bestimmten Anlässen verinnerlicht.

Bei der Frage „Was ist eine Innovation" bedienen sich Führungsverantwortliche gern zahlreicher, vorgefertigter Definitionen und genormter Interpretationsmodelle dessen, was Innovationen sein sollen.

Für die unternehmerische Arbeit macht es jedoch wenig Sinn, nur ausgesuchte innovative Aspekte als verbindlich zu betrachten. Innovationen sind nicht Selbstzweck. Sie dienen verschiedenen Interessen: Innovationen sollen helfen, Probleme zu lösen. Sie sollen sich an Visionen orientieren und verbindliche Ziele verfolgen. Und sie werden die Kontexte verändern, in denen sie stattfinden – vor allem dann, wenn sie gelingen. Akzeptiert man diese grobe Skizze, um den Sinn von Innovationen zu beschreiben, dann lassen sich anhand weniger Fragen einige „vorprogrammierte Bruchstellen" sondieren. An diesen drohen Innovationen zu scheitern.

Einige Aspekte davon, in Fragen gekleidet, sind bereits bekannt:

- Was ist der visionäre Kontext einer Innovation – wie weit reichen die visionären Kompetenzen des Managements?
- Beweisen Führungskräfte genügend systemische Kompetenz, um den Wandel zu steuern, der durch Innovationen in vielfältigen Kontexten ausgelöst wird?
- Stehen Managementfähigkeiten bereit, die es erlauben, fundierte Kontextanalysen zu erstellen?

- Werden Innovationen durch Ziele erarbeitet, die kontextübergreifend zusammenpassen, oder müssen rivalisierende oder im Konflikt stehende Ziele beachtet werden, die es zu gewichten und zu balancieren gilt?
- Sind die Beteiligten und Betroffenen qualifiziert, um die veränderte Lage im Sinne einer intensivierten Wertschöpfung zu nutzen?

Prüft man die innovative Kompetenz eines Unternehmens, dann lassen sich entlang dieser Überlegungen Schwachstellen analysieren. Die führen zu einer weiteren Bewertung:

Drohen Innovationen an einzelnen, spezifischen Merkmalen zu scheitern, die das Innovationsmanagement in konkreten Situationen betreffen? Oder kommen sie durch eine Konfiguration von Risiken ins Schlingern, die auf eine schwache, von einzelnen Situationen unabhängige Innovationskultur hinweisen?

Die „Innovationshärte" festigen

Die Fähigkeit zur Innovation erfordert eine gewisse „Innovationshärte". Dem Prinzip nach gleicht das der Fähigkeit, mit Krisen umzugehen. Diese setzt eine spürbare „Streßhärte" voraus. Ein Beispiel: Bewirbt sich jemand für eine anspruchsvolle Aufgabe, dann muß er sich üblicherweise im Interview oder im Assessment-Center in belastenden Situationen bewähren. Interessant ist es, die „Streßhärte" (oder „Krisenfestigkeit") des Probanden zu testen. Sie besagt, ob er unter schwierigen Bedingungen souverän handeln und die Konsequenzen seines Tuns überlegt abschätzen kann.

„Streßhärte" entwickelt sich, wenn zwei Kompetenzen zusammenfließen: Die Fähigkeit zur spezifischen sowie zur unspezifischen Bewältigung von Streß.

„Spezifische" Streßbewältigung heißt, gezielt auf streßauslösende Reize reagieren zu wissen: So erfordert etwa der Umgang mit einem aggressiven Gesprächspartner rhetorisches Geschick, um den Dialog konstruktiv weiterzuführen, und ein gutes Training, um den Konflikt zu entschärfen. Ein eiliger Auftrag verlangt die Kompetenz, das Zeitmanagement präzise zu steuern und Teilaufgaben effektiv zu delegieren.

Ob jemand sich mit Hilfe seiner spezifischen Fähigkeiten nun durchsetzen und eine Situation stark oder schwach beeinflussen kann, hängt auf Dauer auch davon ab, ob er ruhig und gelassen oder schon stark gestreßt in eine belastende Situationen gerät. Dieser „unspezifische“, von einer konkreten Situation eher unabhängige Streßpegel spiegelt das Ausgangsniveau der Belastungfähigkeit wider, noch bevor eine bestimmte Streßsituation eintritt.

Ein Manager, der sich auf herausfordernde Aufgaben vorbereiten möchte, hat nun zwei Möglichkeiten, um seine „Streß- und Krisenfestigkeit“ zu stärken. Er kann lernen, den Umgang mit bestimmten Situationen gezielt zu trainieren – etwa um Gespräche zu führen, Konflikte zu mildern oder Aufgaben ziel- und zeitgerecht zu delegieren. Situationsunspezifisch kann er lernen, seinen Streßpegel auszugleichen. Etwa, indem er Sport treibt, um fit zu bleiben, gute Freundschaften pflegt, um sich offen aussprechen zu können, sich vielseitige Interessen wachhält, um eine flexible Intelligenz zu fördern.

Ein souveräner Umgang mit belastenden Situationen gelingt um so besser, je höher die Streßfestigkeit ist. Dazu müssen beide Komponenten der Streßbewältung, die spezifischen wie die unspezifischen, gut entwickelt sein. Denn die Beziehung zwischen spezifischer und unspezifischer Streßbewältigung ist nicht additiv, sondern multiplikativ. Die eine kann man man nicht durch die andere ersetzen, und ein Mangel der einen Komponente läßt sich nicht durch ein Mehr der anderen ausgleichen. Die Kompetenz zur Streßbewältigung bricht zusammen, wenn auch nur eine ihrer Komponenten gegen Null geht.

Ähnlich wie bei der Streßbewältigung verhält es sich mit der Innovationsfähigkeit eines Unternehmens. Daß ein hohes Innovationspotential für die Entwicklungs- und Wettbewerbsfähigkeit vieler Unternehmen unerläßlich ist, wird weitläufig diskutiert.

Doch woraus resultieren diese Potentiale? Was tut not, um sie in echte, handlungsfähige Innovationskompetenzen zu transformieren? Oder in die Fähigkeit zur Innovationsführerschaft, die über plakativer Zukunftspropaganda steht?

Hohen innovativen Anforderungen kann ein Unternehmen langfristig nur begegnen, wenn es eine verläßliche „Innovationshärte" entwickelt. Die setzt sich aus zwei Komponenten zusammen:

Das sind zum einen die *situationsspezifischen Fähigkeiten* eines Betriebs, um sein Innovationsmanagement und die zur Verfügung stehenden Methoden und Instrumente zu optimieren. Zum anderen ist es die Fähigkeit, eine *situationsunabhängige Innovationskultur* zu pflegen. Achtet ein Unternehmen auf stets verbesserte „Tools" und vernachlässigt dabei seine Innovationskultur, dann werden innovative Ansätze ebenso scheitern wie im umgekehrten Fall, wenn „Kultur" über alles geht und die Entwicklung brauchbarer Werkzeuge auf der Strecke bleibt.

In der Optimierung und Verbindung beider Ansätze, zum einen die Tauglichkeit des Innovationsmanagements zu erhöhen und zum anderen das Niveau der Innovationskultur zu verbessern, liegt der Schlüssel zur Innovationsführerschaft.

Die Projektfalle

Die spezifischen Fähigkeiten eines Unternehmens, Innovationen zu realisieren, zeigen sich in den Kompetenzen des Projektmanagements – insbesondere des Multiprojektmanagements. Wie viele Projekte startet ein Unternehmen, wie viele davon schließt es erfolgreich ab? Wie gut gelingt es einer Firma, unterschiedliche

Projektmaßnahmen zu verknüpfen und innovative Synergiepotentiale zu erschließen?

Im Gelingen von Projekten liegen die wichtigsten Rationalisierungspotentiale, in deren Scheitern die größen Verluste an Ressourcen. Die Ursachen für schwierige Projektphasen kennenzulernen und frühzeitig gegenzusteuern ist von wesentlicher Bedeutung, soll ein Projekt Erfolg haben.

Erfolgreiches Projektmanagement geht über das Formulieren und Verfolgen von Zielen hinaus. Es ist ein Prozeß, in dem „harte" organisatorische und „weiche" persönliche Faktoren logisch wie auch sensibel zu verzahnen sind. Deren Zusammenspiel entscheidet über Gelingen oder Scheitern von Projekten. Ebenso entscheidend ist es, Projektstruktur und -ablauf kontextgerecht zu wählen. Um zu entscheiden, welche Projektstrategie die jeweils geeignete ist, sind einige Überlegungen zu beachten: *Ist eine Innovation transitorisch, also nur in Nuancen innovativ, oder ist sie grundlegender, substantieller Natur? Hat ein Team gelernt, mit innovativen Entwicklungen umzugehen, oder stehen wesentliche Lernprozesse noch aus?*

Das wirkt sich auf die Formulierung einer Projektaufgabe aus: Kann ein Projekt tatsächlich „linear", einem Master-Plan entlang abgewickelt werden? In einem Master-Plan werden alle einzelnen Projekt-Bausteine über die gesamte Projektdauer nach Zielen und Teilzielen, den jeweiligen Kapazitäten und Zeitstrukturen definiert. Oder muß ein Projekt in seinem Ablauf „rollierend" gestaltet sein – so daß nur grobe Ziele vorgegeben werden, die jeweiligen Detailmaßnahmen und dazu erforderliche Lernschritte von Etappe zu Etappe präzisiert werden? Oder ist eine Projektaufgabe inhaltlich und in ihrem sozialen Kontext so herausfordernd und ungewohnt, daß nach einer ersten Zwischenstufe sowohl der Ausgangskontext, die früheren Prämissen und die Ziele, die bisher verfolgt wurden, neu überdacht werden müssen? Dann kann es sein, daß aufgrund der zwischenzeitlich gemachten Erfahrungen alte Perspektiven überholt sind, und damit die Ziele und Vorgaben, die aus jenem zurückliegenden Horizont heraus formuliert wurden. Für die weitere Entwicklung eines Unternehmens oder Teams wird es dann vorteilhaft sein, der Projektstrategie ein „Meilenstein-" oder „Phasenmodell" zugrunde zu legen.

Erfolgreiches Projektmanagement erfordert ein balanciertes Zusammenspiel von methodischen und sozialen Kompetenzen. Das berührt auch die Phase, in der die Ergebnisse der Projektarbeit in die tägliche Praxis oder Linienverantwortung zu übertragen sind. Oft ist unklar, ob ein Unternehmen mit der Aufgabe vertraut ist, notwendige Transferprozesse vom Pilotprojekt in die „Serie" zu leisten. Häufig stellt dieser Abschnitt selbst einen innovativen Lernprozeß dar. Wenn dem Management die methodischen Kenntnisse für brauchbare Transferprozesse fehlen, reißt die Projektarbeit an dieser Stelle ab. Statt einer umsichtigen Implementierung von Ergebnissen kommt es dann leicht zum sogenannten „muddling through", zum „Durchwursteln". Irgendwie hat man Ergebnisse, und die sollen jetzt in der Praxis weiterhelfen. Statt vor dem Hintergrund der Aufgabe und der eigenen Kompetenzen zu klären, was etwa für eine „parallele" oder eine „serielle" Implementierung spricht (um zwei Beispiele zu nennen), schließen manche Projektteams ihre Arbeit an diesem Punkt ab oder ziehen sich, wenn „Widerstand" aus der Linie kommt, frustriert zurück. Mit dem schalen Nachgeschmack, daß der mißlungene Transfer die gesamte Projektarbeit sinnlos erscheinen läßt. Weder aus der Sicht der Geschäftsleitung noch der verantwortlichen Projektteams besteht Konsens darüber, ob Ergebnisse zum Beispiel parallel zu übertragen sind und welche Vor- oder Nachteile für das Unternehmen daraus entstehen. Ein paralleler Transfer bedeutet, alle Teilschritte und -ergebnisse möglichst unmittelbar für die Linienarbeit nutzbar zu machen, obgleich das Projekt noch nicht abgeschlossen ist. Das spart Zeit und bringt Wettbewerbsvorteile. Es verlangt aber zahlreiche zusätzliche Schnittstellen, nicht nur innerhalb des Projekts, sondern auch zwischen Projekt und Linie. Der Aufwand an Koordination und Kooperation wird in der Regel sehr hoch und muß gleichzeitig über viele unterschiedliche Ebenen vernetzt werden. Das ist im Vorfeld einer solchen Implementierungsstrategie zu konstruieren und zu kalkulieren. Darüber hinaus müssen die verschiedenen Teams lernen, mit Konfliktpotentialen umzugehen, die im Netzwerkmanagement entstehen.

In manchen Projekten schlummern auch „Kinderkrankheiten", die bei parallelem Transfer in die Linie übertragen werden, noch bevor sie im Projekt selbst als solche erkannt und korrigiert werden können. Das hat zur Folge, daß nicht nur im Projektteam, sondern auch in der Linie das Know-how präsent sein muß, mit solchen Störungen umzugehen. Sonst versickern die Ergebnisse der Projektarbeit in der Linie. Das passiert vor allem dann, wenn die Linienarbeit mit der Projektarbeit nicht mithalten kann und sich zu starke Unterschiede in der Dynamik und Beschleunigung der verschiedenen Teilschritte ergeben. Der Einsatz an Ressourcen war dann im doppelten Umfang vergeblich, abgesehen von den Irritationen, die durch inkompetenten Projekttransfer im Unternehmen ausgelöst werden.

Anders, wenn die Projektarbeit auf Lernprozesse stößt, die einen komplexen Umgang mit den verschiedenen Herausforderungen erlauben. Dann kann die Strategie der parallelen Implementierung hilfreich sein, um die Tauglichkeit der im Projekt erzielten Resultate in der Praxis zu prüfen, „Kinderkrankheiten" aufzudecken und mit Hilfe eines geeigneten Feedbacks die Projektarbeit selbst zu qualifizieren. Wenn dieser Prozeß gelingt, vermittelt er nicht nur zeitliche, sondern auch qualitative Wettbewerbsvorteile. Aber er entbindet nicht vom Einsatz zusätzlicher hochwertiger Ressourcen. Diese Strategie, Projekte in die Praxis zu implementieren, verlangt eine verläßliche Innovationskultur, vernetzte Entscheidungssouveränität und die Fähigkeit, die erforderlichen Instrumente des Projektmanagements der Situation und Aufgabe entsprechend flexibel einzusetzen.

Der serielle Transfer stellt zunächst den erfolgreichen Abschluß der Projektarbeit in den Vordergrund. Diese wird ausführlich dokumentiert, mit allen Erfahrungen, die im Umfeld des Projektmanagements zu verzeichnen und für das Linien-Management von Belang sind. Der Transfer der Ergebnisse in die Praxis schließt erst an diese Schritte an. Für technologische Entwicklungen, auch für manche Reorganisationsprozesse mag ein solches Vorgehen günstig sein. Die Projektarbeit wird auf ein bestimmte Teams mit definiertem Arbeitsumfeld eingeschränkt. Das ist das Experimentier- und Laborfeld, in dem wesentliche Erfahrungen gewonnen und für die weitere Entwicklung bewertet werden.

Diese serielle Strategie erspart einem Unternehmen viele Irritationen und hohe Kosten. Ihr Ablauf gewährleistet Übersichtlichkeit und einen begrenzbaren Einsatz an Ressourcen. Von Nachteil ist der lange Zeitraum, den solche Implementierungsstrategien fordern, und das damit verbundene Risiko, daß jüngere Innovationen die serielle Projektarbeit „überholen“, ohne sie in die spätere Linien- oder Serienverantwortung zu integrieren. Auch Lernprozesse zwischen Projekt und Serie werden hier kaum aufeinander abgestimmt. So ist es schwieriger, unternehmensübergreifende Kontexte in die erforderlichen Lernprozesse einzubeziehen, Wechselwirkungen mit der aktuellen Projektarbeit zu bewerten und zusätzliche innovative Impulse abzuleiten. Den Vorteilen, den Projektaufwand besser kalkulieren und abstimmen zu können, stehen die Nachteile gegenüber, daß Lernprozesse in Projektteams isoliert bleiben, später nicht zum Umfeld der „Serie“ oder Linie passen und dort, trotz guter Dokumentation, nicht oder zu spät greifen. In diesem Spannungsfeld ist das Risiko des Scheiterns von Projekten groß.

Um ein Projekt mit Aussicht auf Erfolg zu planen, ist es wichtig, nicht nur die Ablaufstrukturen, sondern vor allem die Strategien der Implementierung zu durchdenken. Aus der Sicht der Unternehmensführung ist die Phase der Implementierung besonders kritisch: die meisten Projekte versanden an diesem Punkt. Oder deren Resultate können, aufgrund fehlender Lernerfahrungen, keinen echten, entscheidenden Wertschöpfungsbeitrag leisten. Lernerfahrungen sprechen stets mehrere Ebenen an:

- Wie geht ein Unternehmen mit verschiedenen Aufgaben- und Spannungsfeldern auf inhaltlicher Ebene (Zielkonflikte) oder Teamebene (soziale Konflikte) um?
- Welche Rolle spielt die systemische Kompetenz zur Führung von Projektteams, also die Fähigkeit, verschiedene Kontexte, strategische Ansätze und Lernprozesse ins Lot zu bringen, ohne Stückwerk und Flickschusterei zu betreiben?
- Wie steht es um die Kompetenz von Projektteams, sich selbst zu steuern und zu coachen?

Wenn dies unklar bleibt, folgt dem Risiko der „Projektfalle“ die Gefahr der „Prozeßfalle“.

„Master-Pläne“ suggerieren Sicherheit

Ein Risiko, daß Projekte scheitern, wurde schon angedeutet. Es liegt darin, daß Firmen sich für umfassende, vorzüglich ausgearbeitete „Master-Pläne“ begeistern lassen, ohne vorher ihren eigenen Bedarf an Lernprozessen, Kooperationsaufwand und dosiertem Vorgehen abzuschätzen.

Gute „Master-Pläne“ haben ohne Zweifel ihren Wert. Sie vermitteln das Gefühl von Struktur und Sicherheit, suggerieren das Bewußtsein von Machbarkeit und Überlegenheit gegenüber der Aufgabe. Einen Master-Plan zu gestalten heißt, ein Projekt über alle Phasen hinweg zu konzipieren, alle Teilschritte zu definieren, deren Abhängigkeiten zu verzahnen, finanzielle, personelle und instrumentelle Kapazitäten zu kalkulieren. Das sind wesentliche Schritte des Projektmanagements, ohne die ein erfolgreicher Abschluß eines Projekts nicht denkbar ist. Differenzierte „Master-Pläne“ sind auch dann wichtig, wenn sie in Etappen erstellt werden, von Projektphase zu Projektphase präzisiert werden, wie beim „rollierenden“ Ablauf oder „Meilenstein-Modell“.

Dennoch unterlaufen manchen Unternehmen krasse Fehler, wenn sie „Master-Pläne“ auflegen. Ein häufig zu beobachtender Managementfehler liegt in der falschen Kalkulation der Kapazitäten, ein anderer im mangelnden Verständnis der Dynamik, die verschiedene Teilprojekte entwickeln.

Zur Kalkulation: Beim Projektmanagement gilt die Faustregel: „Je innovativer das Projekt, um so ausgeprägter die Meilenstein-Struktur". Solange ein Projekt nur in geringem Maße innovativ ist und seine Ablaufschemata vertraut sind, genügt es, sich auf die inhaltliche Konzeption zu beschränken. Die Kalkulation aller Teilschritte und Kapazitäten ist dann relativ klar. Anders, wenn ein Projekt hoch innovativen Ansprüchen gerecht werden soll. Diese erzeugen größere Unsicherheit im Hinblick auf erwartete Ergebnisse und einen höheren Koordinationsaufwand, um Verzögerungen, Störungen oder unvorhergesehene Entwicklungen aufzufangen. Dieser Aufwand ist im Vorfeld der Projektkonzeption stets mitzukalkulieren. Vor allem kann er sich nicht allein auf das anvisierte Projekt beschränken. Er muß sich stärker als bei „linearen" Projekten unterschiedlichen inneren wie äußeren Kontextbedingungen widmen.

Innovative Projekte, die sich in „rollierenden" Ablaufschemata, „Meilenstein-" oder „Phasenmodellen" widerspiegeln, entwickeln eine hohe innere Komplexität, weil sie in ihrem Werdegang nicht so leicht vorhersehbar und durch unerwartete Faktoren beeinflußbar sind – und sie verursachen eine hohe äußere Komplexität, weil sie nicht eindeutig auf andere Projekte im Umfeld abzustimmen sind, einen flexiblen Einsatz von Ressourcen beanspruchen oder der Zeitpunkt schwer zu bestimmen ist, wann brauchbare Ergebnisse vorliegen.

Diese Komplexität stellt die „Machbarkeit von Master-Plänen" in Frage. Sie erhalten bestenfalls vorläufigen Charakter. In ihrer Gültigkeit instabil, erfordern sie ausgeprägte Kompetenzen, um inhaltliche, instrumentelle und personelle Alternativen immer wieder zu eröffnen, zu bewerten, ins Spiel zu bringen. Der psychologische Effekt von Master-Plänen, grundsätzlich Sicherheit zu bieten, verliert in hoch innovativen Projekten seine Bedeutung: Die

„garantierte“ Kalkulation, die mit der strikten Umsetzung solcher Konzepte einhergeht, läßt sich mit zunehmender Innovationsorientierung immer schwerer darstellen.

Statt ihre einsilbige Sicherheitsorientierung zu überwinden und Fähigkeiten zum Management komplexer Projekte zu erwerben, reagieren manche Führungskräfte paradox: Je innovativer sich ein Projekt entwickelt, um so unsicherer reagieren sie selbst und versteifen sich noch mehr auf vorgezeichnete Pläne. Diese werden zum „Strohhalm“, der inmitten von komplexen, ungewohnten und turbulenten Herausforderungen Rettung bringen soll. Auf diese Weise neigen manche Manager dazu, ausgerechnet innovative Herausforderungen nach einem penibel durchdachten, am Ende „linearen“ Muster durchzuziehen. Statt die Kontextbedingungen verstehen und analysieren zu lernen, in denen Innovationen einen Nährboden finden und Wandel bewirken, fixieren sich diese Manager auf einfältige „Ist-Soll“-Beschreibungen. Und die basieren auf der Perspektive einer alten, prä-innovativen Wahrnehmung ihrer Umwelt. Aus dieser eingeschränkten Sicht werden Ist-Soll-Vergleiche in filigrane Zielvereinbarungen übersetzt, mit denen sie erst das ganze Unternehmen überziehen und dann rigide kontrollieren. Die Wertschöpfung einer Innovation geht damit verloren.

Geißeltierchen als Modell der paradoxen Innovationskultur

Diese paradoxe Art, mit Innovationen umzugehen, markiert die Innovationskultur mancher Unternehmen. Sie zeigt sich darin, daß von Innovation viel die Rede ist, verantwortliche Führungskräfte aber substantielle Entwicklungen meiden und lieber in eine Vielzahl halbherziger, vorläufiger Modifikationen des „Bewährten“ flüchten.

Eine paradoxe Innovationskultur äußert sich darin, daß Manager versuchen, einen definierten Problemkreis zu durchbrechen, indem sie ihresgleichen sowie die Mitarbeiter zum „kreativem Chaos“

anregen (was immer daraus im einzelnen folgt) und dann nicht wissen, was sie damit machen und wie sie die unterschiedlichen Impulse konstruktiv nutzen und vernetzen sollen.

Dieses „Organisationsmodell" ist in der Natur nicht neu. Geißeltierchen, als eine niedere Form von Organismen eingestuft, bilden ein unfreiwilliges Modell dafür, einem Problem (in ihrem Falle einem Hindernis) durch „Versuch und Irrtum" zu entkommen. Immer dann, wenn sie an ein Hindernis stoßen, schwimmen sie in einem beliebigen Winkel davon weg, in der Hoffnung, einen freien Weg zu finden. Stoßen sie bei diesem „Lösungsversuch" auf ein neues Hindernis, verändern sie eben ihren Winkel. Irgendwann haben einige Erfolg und finden in freie Gewässer. Was in Unternehmen unter dem Schlagwort „kreatives Chaos" verkauft wird, ähnelt gelegentlich diesem Orientierungsmuster. Es stellt in manchen Betrieben kaum mehr als einen Ausdruck von Ohnmacht und Hilflosigkeit dar, ausgelöst durch einen Mangel an visionärer Kompetenz und unfähig, den innovativen Ansprüchen durch adäquates Management und vernetze Strategien gerecht zu werden. Das Geißeltierchen-Syndrom ist ein deutlicher Beleg für die Orientierungslosigkeit von Führungskräften.

Für sich genommen wäre die Strategie, einem Problemkreis durch kreativen Versuch und Irrtum zu entkommen, akzeptabel. Warum sollte eine Firma, ein Team nicht nach dem Prinzip handeln: Ich tue irgend etwas, lerne daraus, tue es anders oder sogar besser, lerne vielleicht wieder ... Übersetzt in die Sprache der Geißeltierchen: Ich stoße an ein Hindernis, lerne daraus, verändere meinen Winkel zu schwimmen ...

Auf diese Weise entsteht tatsächlich eine Menge an „Lernen". Eine Firma kann sich zu Recht als „lernende Organisation" bezeichnen. Die Frage ist nur, welche Qualität des Lernens sich mit dieser Entwicklung verbindet – und welches Lernen bisher wohl unterblieb, damit es zu solchen orientierungslosen Formen des Lernens überhaupt kommen konnte. Unternehmen, die die Innovationskultur von Geißeltierchen pflegen, haben bislang allenfalls die

Kompetenz der reaktiven Klugheit entwickelt. Die Not macht sie dann erfinderisch, und sie reagieren buchstäblich in jedwede denkbare Richtung. Nur, was gewinnen die Betriebe auf ihrer orientierungslosen Suche hier und da und dort, wenn der Markt nur knappe „Spielräume“ erlaubt, sich zugleich Kundenprofile ändern und der Wettbewerb hart auf die Preise drückt? Die Such- und Schlingerbewegungen, die aus dieser Innovationskultur erfolgen, sind unglaublich kostenintensiv. Ein Unternehmen, das sich auf dieses Prinzip einläßt, ist gut beraten, neben der üblichen Geschäftsbilanz eine Projektbilanz anzulegen: Wie viele Projekte werden angestoßen, wieviel und was bringen sie, wohin führen sie, weswegen und in welcher Phase scheitern sie? Was kosten sie? An Zeit, gebundenem Kapital, verschlungenen Ressourcen, nicht erledigten Alternativen? Vor allem: Um wieviel Prozent ließen sich die Gewinnmargen erhöhen, oder unter kompetitiven Gesichtspunkten die Preise senken, wenn es möglich wäre, bei Projekten ihre Kontexttauglichkeit und Wahrscheinlichkeit des Gelingens signifikant zu erhöhen?

In Schüben immer wieder Personal zu entlassen oder Standorte zu schließen oder zu verlagern, mag in Einzelfällen unumgänglich sein, um den Preis- und Wettbewerbsdruck vorübergehend zu entschärfen. Aber das hebt um keinen Deut die Fähigkeit zur visionären Kompetenz, zur Innovationsführerschaft. Das unterstützt weder spezifische noch unspezifische innovative Kompetenzen, und es sorgt nicht für den erforderlichen Quantensprung von der reaktiven hin zur präventiven Intelligenz. Die herkömmlichen Rationalisierungsstrategien befreien ein Unternehmen nicht automatisch von einer schwachen Innovationskultur. Sie verlängern durch scheinbare Lösungen und kurzfristige Entlastung nur die eigentlichen Probleme. Diese können sich noch tiefer eingraben. Der Abstand zur Innovationsführerschaft wird noch größer ausfallen oder den qualitativen Sprung von der transitorischen zur substantiellen Innovation vereiteln.

Transitorische oder substantielle Innovation?

„Worin besteht die Wertschöpfung einer Innovation?“ Im verbreiterten Kotflügel eines älteren Sportwagens, der auf seine Zielgruppe noch einmal anziehend „sexy“ wirken soll? Ja, sagen die Designer, die für das Produkt eine Haltestrategie auf dem Markt anstreben. Nein, sagen die Forscher, die nur einen drastisch verringerten Benzinverbrauch als „echte“ Innovation akzeptieren. Eine Differenz, die verschiedene Kriterien offenlegt. Den einen ist das Überleben des Unternehmens im Markt der Maßstab der Innovation, das Überleben in einem gesellschaftlich-ökologischen Sinn den anderen.

Zwei Aspekte scheinen das Gelingen von Innovationen maßgeblich zu beeinflussen:

- Erstens die Überlegung „Was ist eine echte, was eine vorläufige Innovation?“ – und welche Kriterien zeichnen, aus wessen Sicht, dafür verantwortlich?
- Zweitens die Frage „Wird eine Innovation tatsächlich gewünscht, oder tun die Verantwortlichen alles, um durch ständig neue Schleifen der Veränderung immer wieder zu ihrem Status quo zurückzufinden, den sie längst auf vielseitige Weise zu verteidigen gelernt haben?“ Eine Organisation kann für Probleme Lösungen entwickeln, die dokumentieren, daß für alle sichtbar etwas „getan“ wird, ohne daß sich in der Folge etwas ändert.

Vorläufige, transitorische Innovationen sind nicht von vornherein als negativ zu bewerten. Es kommt darauf an, was sie in ihrem jeweiligen Umfeld anrichten. Negativ wirken sie dann, wenn sie bestehende Problemlagen verlängern, nur um die vertrauten Verhältnisse zu erhalten. Von transitorischer Innovation ist die Rede, wenn bekannte Schwächen oder Fehler etwa eines Produkts oder auch einer Organisation abgeschwächt, jedoch weiterhin bewußt in Kauf genommen werden. Neuerungen verlängern de facto die gewohnte Präsenz. Das verfügbare Know-how ist längst weiterentwickelt, bleibt in der Anwendung aber aus Kosten-, Image- oder Akzeptanzgründen hinter den gegebenen Möglichkeiten zurück. Als transitorische Technologie wäre etwa der Versuch einzustufen, den Verbrauch eines Kraftfahrzeugs von 14 auf 11 Liter pro 100 Kilometer zu senken, wenngleich der Einsatz anderer verfügbarer Technologien längst die Reduktion auf weniger als die Hälfte bei vergleichbarer Leistung ermöglicht.

Als transitorischer Wandel einer Organisation wäre etwa der Versuch zu betrachten, die Anzahl von Hierarchien abzubauen, nur um den „Aufstieg" untergeordneter Mitarbeiter noch zu erschweren und die verbliebenen Hierarchien klarer voneinander abzugrenzen.

Auf der anderen Seite stehen transitorische Innovationen zu Unrecht im Ruf, „schlecht" zu sein, weil es „Besseres" gäbe. Sie sind nicht immer als „minderwertige" Alternativen einzustufen, weil Innovationen nicht nur in einem einzigen Kontext stattfinden. Innovationen berühren unterschiedliche, etwa finanzielle, gesellschaftliche, organisatorische, technologische, ökologische Bereiche. Die Lösung eines Problems kann im Rahmen eines bestimmten Kontextes längst vertraut sein, während sie gleichzeitig auf andere Kontexte so einwirkt, daß dort erhebliche Turbulenzen auftauchen und substantielle Neuerungen erst provoziert werden. Aus der Perspektive verschiedener Kontextfelder können transitorisch geglaubte Innovationen in der Konsequenz schier unüberwindbare Hürden aufwerfen.

Die eigentliche Leistung des Managements liegt darin, solche *Kontextbrüche frühzeitig zu erkennen* und aufmerksam, aber dosiert darauf einzuwirken. Die beliebte Spielart, unterschiedliche Kontextbezüge einfach zu ignorieren oder im Sinne einer „Bombenwurfstrategie" zu überrumpeln, kann katastrophale Folgen nach sich ziehen. Denn die Wechselwirkungen zwischen verschiedenen Kontextebenen werden durch ein derartiges Vorgehen nicht ausgeschaltet. Destruktives Verhalten zerstört Potentiale, aber die sind hinterher nicht einfach weg. Sie hinterlassen allzuoft „verbrannte Erde". Durch Ignoranz, Fahrlässigkeit oder Mutwillen vernichtete Potentiale müssen teuer rekultiviert werden, oder sie bleiben für die weitere Wertschöpfung unbrauchbar.

In vergleichbarer Weise hinterlassen untaugliche Reorganisationsprojekte, die spezifische Kontexte eines Unternehmens und seiner Umwelt mißachten und nur nach genormten Modellen durchgesetzt werden, tief verwundete Organisationen. Diese sind am Ende solcher Projekte häufig an ihren personellen und finanziellen Potentialen ausgeblutet, ohne an präventiver Innovationskraft gewonnen zu haben. Statt Entlastung durch dauerhafte Wertschöpfung folgen für eine Firma dann lange Belastungsphasen durch Werterosion.

Hier kann es notwendig werden, Innovationsschübe zunächst auf eine transitorische und weniger substantielle Dynamik zu beschränken. Denn die Kontexte, die eine Innovation begleiten, brauchen Zeit, um sich auf bevorstehende Veränderungen und präventive Lernprozesse einzustellen. Einem Management, das unter hohem Kosten- und Wettbewerbsdruck steht, mag das zunächst als Zeitverlust erscheinen. Der wird aber um ein Vielfaches wettgemacht, wenn die anschließenden Rückkoppelungsprozesse aus verschiedenen Kontexten die Dynamik der Innovation unterstützen und beschleunigen statt sie durch negativen Rückfluß zu behindern. In diesem Fall ist die transitorische Phase tatsächlich nur eine Übergangsphase und bereitet den innovativen Wandel vor. Im anderen, erstgenannten Fall wird sie zur Dauereinrichtung und blockiert diesen Wandel nachhaltig.

Den Leitkontext ändern

Was zeichnet den Unterschied zwischen einer problemstabilisierenden und einer problemlösenden Innovation aus?

Ein Kriterium liegt darin, welchen Kontext ein Unternehmen als seinen „Leitkontext" ansieht, in welchem Umfeld gleichsam das Epizentrum des innovativen Wandels liegt. Das ist als Primärkontext zu betrachten. Andere Umfeldbereiche mögen davon nicht unmittelbar berührt sein, aber wenn sie in der Folge eines innovativen Prozesses betroffen sind und fördernde oder hemmende Gegenwirkungen auslösen, sind sie als Sekundärkontexte zu beachten. Entsprechend sind nicht nur Primärinnovationen, sondern auch Sekundärinnovationen im Projektdesign zu kalkulieren. Wie können sie unterstützt, modifiziert oder eingedämmt werden, damit Primärinnovationen möglichst rasch an Boden gewinnen und nicht durch eine ungünstige Sekundärdynamik zum Erliegen kommen?

Sekundärinnovationen im richtigen Zusammenhang anzusprechen, zum passenden Zeitpunkt zu integrieren und im Spannungsfeld verschiedener Projektphasen zu führen ist die herausfordernde Aufgabe des Multiprojektmanagements.

Substantielle Innovationen zeichnen sich dadurch aus, daß sie nicht nur die Ziele anstreben, die Primärinnovationen betreffen, sondern verschiedene Ziele aus Primär- und Sekundärinnovationen zu verknüpfen und zu balancieren wissen. So kommt es in verschiedenen Phasen zu einem Wandel der Leitkontexte. Ein Beispiel dazu: Ein Betrieb beabsichtigt, seine Firmenstruktur zu reorganisieren, mit dem Ziel, im Wettbewerb die Kostenführerschaft zu übernehmen. Die vorhandene Unternehmensstruktur ist dann der Primärkontext, die Reorganisation als Primärinnovation zu betrachten. Verschiedene Aspekte der Mitarbeiterqualifikation, effektiven Produktion, Produktattraktivität in ökologischer oder sozialer Hinsicht wie auch regionale Bildungs- und Standortpotentiale sind mögliche Sekundärkontexte. Diese beeinflussen direkt oder mittelbar die langfristige Qualität der Kostensenkungsmaßnahmen. Ein Unternehmen, das nicht auf die Wechselwirkungen achtet, die Sekundärkontexte mit der Primärinnovation entfalten, schlittert leicht vom flexiblen Projektmanagement hinüber in rigides Mißmanagement.

Flexibles Projektmanagement zeichnet sich durch Sensibilität gegenüber verschiedenen Kontexten und ihren Wechselwirkungen aus. Diese können je nach Projektphase zum relevanten Leitkontext werden. Mißmanagement verrät sich schon im Frühstadium, indem es nur einen Leitkontext gelten läßt. An diesem werden dann alle Bemühungen und Leistungen entlang eines Projekts einseitig bewertet.

Die Neigung, Projekte nur an einem einzigen Leitkontext zu orientieren, ist in der Regel von außen gut zu beobachten. Denn sie macht einen Typus von organisationalem Verhalten erforderlich, das den Einfluß alternativer Kontexte aggressiv ausmanövriert, nachhaltig und über mehrere Wellen hinweg abschwächt oder deutlich sichtbar ignoriert. Offenkundig wird dies anhand rigider Führungsstile oder am Kommunikationsverhalten verschiedener Teams, die mehr übereinander als miteinander reden. Wenn Innovationen transitorisch bleiben, also isoliert in einem Kontext verharren, wirkt dieser sich in anderen Kontextbereichen zunehmend belastend und wertedestruktiv aus.

Ein Innovationsprozeß, dem es gelingt, unterschiedliche relevante Kontexte aufzugreifen und umfassend in das Projektmanagement zu integrieren, gewinnt hingegen an Wertschöpfung. Seine transitorischen Phasen sind inhaltlich und zeitlich begrenzt. Sie entfalten jeweils eine eigenständige Dynamik, indem sie sich an mehreren Leitkontexten orientieren. Und sie sind in der Lage, zwischen Primär- und Sekundärkontexten zu unterscheiden, diese je nach Aufgabe und Projektphase flexibel zu gewichten und sich auf deren spezifische Bedeutungen einzustellen. Die Fähigkeit des Managements, im Verlauf eines Projekts präventiv auf unterschiedliche Leitkontexte umzuschalten, unterstützt das substantielle Gewicht einer Innovation.

Die organisationshygienische Funktion von Zielen

Die praktischen Schritte, die zum Projektmanagement führen, sollten nicht von der Komplexität losgelöst sein, die in deren Umfeld wirksam sind. Gleichwohl sind simpel gestrickte Erklärungen fragwürdig, die das Zustandekommen von Erfolgen wie auch die Analyse von Prozessen des Scheiterns beschreiben. Simple Erklärungen dessen, was jeweils „schuld“ gewesen sein mag, wenn Projekte den gesetzten Erwartungen nicht entsprechen, gibt es in jedem Betrieb zuhauf. Bisweilen sind das hilfreiche Konstrukte, denn simple Erklärungen entlasten. Sie haben eine organisationshygienische Funktion. Aber sie sind deshalb nicht automatisch richtig, und selten unterstützen sie Prozesse des Lernens in einer Organisation.

Wenn Reorganisationsprozesse fehlschlagen, werden die Gründe für mangelnden Erfolg gern in alten Strukturen gesucht, oder in der Konjunktur, in Führungsschwächen, in unterentwickelten Teams. Das alles mag zu Mißerfolgen beitragen. Die Gefahr ist, über einseitige Zuschreibungen zu simple Lösungen zu suggerieren. Diese sind riskant: man setzte an einem Hebel an – und alle Schwierigkeiten würden verschwinden.

Simple Lösungen vermitteln das Gefühl, mit verfügbaren Kompetenzen zurecht zu kommen. Sie „entlasten“ mental von der Pflicht, sein eigenes Können auf den Prüfstand zu stellen. Sie entbinden von selbst- und persönlichkeitskritischen Fragen: Was konnte ich mit meinen Fähigkeiten bisher bewirken, was nicht? Aus welcher Motivation hat mein Unternehmen bislang nicht nur Kompetenzen, sondern vielleicht auch Inkompetenzen honoriert? Was konnte ich zur Entfaltung bringen, was war sanktioniert?

Wie sieht das bei künftigen innovativen Aufgaben aus? Welche Bausteine aus meinen bisherigen Fähigkeiten lassen sich auf Komptenzprofile übertragen, die in der Zukunft eingefordert werden? Welche meiner alten Schwächen sind vielleicht die Stärken der Zukunft (selbst wenn schon Hundertschaften von Beratern und Trainern sich abmühten, noch den letzten Rest solcher „Schwächen“ auszutreiben)? Und welche meiner Stärken, auf die ich mir besonders viel einbilde, vermögen einen substantiellen Innovationsprozeß am meisten zu behindern?

Die optimale Ausrichtung eines Projektes darf sich nicht nur an den Zielen einer Innovation orientieren, denn als Orientierungshintergrund erweisen sich auch Ziele als zu simpel. Sie mögen Handlungen und Maßnahmen rechtfertigen, doch ein umfassendes Verständnis vielschichtiger Kontextbeziehungen unterstützen sie nur unzureichend. Ziele sind langfristig nur dann brauchbar, wenn sie von solchem Verständnis ausgehen. Ansonsten haben auch sie eine überwiegend organisationshygienische Funktion, mit dem Risiko, daß sie Klarheit suggerieren und zugleich eine prägnante Analyse organisationaler Defizite verhindern.

Umweltkomplexität entscheidet über Projektdesign

Soll ein Reorganisationsprojekt begründete Aussicht auf Erfolg haben, muß es neben den Bedingungen der Umwelt sowie diejenigen möglicher Störungen miteinbeziehen. Selbst Projekte mit inhaltlich eng umschriebenen Zielen sind deshalb nicht immer einfach zu gestalten. Wie „simpel" ihr Design ausfällt, sollte sich nicht an den Zielen, sondern an der *Komplexität des Umfeldes* orientieren, das auf ein Projekt und dessen Ziele einwirkt.

Entsprechend ist die Analyse dessen, was mißlingt, nicht nur an linearen Prozessen der Zielerreichung festzumachen. Sondern auch an Prozessen, die sich zwischen Primär- und Sekundärinnovationen und deren Wechselwirkungen sowohl im inneren wie im äußeren Kontext eines Betriebs auswirken.

Die Lust an simplen Lösungen

Geniale Ideen können einfach sein, doch nur selten sind sie simpel. Zur Unterscheidung der Begriffe sei deren Bedeutung, wie sie hier verwendet wird, präzisiert: „einfach" meint, sich auf das Wesentliche zu konzentrieren, aus einer übergeordneten Perspektive die verschiedenen Aspekte einer Situation, eines Problems oder dessen Lösung einzuschließen.

„Simpel" zu denken beschreibt das Gegenteil. Statt vielseitige Aspekte unter einem übergeordneten Blickwinckel zusammenzufassen, wird einer dieser Aspekte herausgepickt, um sich dann ausführlich auf ihn zu konzentrieren. Vielleicht weil dieser Aspekt gerade sympathisch erscheint, einen vertrauten Umgang signalisiert, die leichtesten Lösungsansätze für ein Problem verspricht. Andere Merkmale eines Problems bleiben außen vor, wenn kritische Situationen oder Lösungsansätze zu analysieren sind. Durch den Gebrauch des Wortes „Lösung" suggerieren sich die Beteiligten, eine kritische Situation oder ein Problem bewältigen zu können. Aus welchem Zusammenhang heraus ein Problem ursprünglich entstand, wie dessen „Lösung" auf andere Bereiche und deren Zusammenspiel einwirkt, wie ungewöhnlich oder altbacken ein Lösungsvorschlag ausfällt und was dieser von den Beteiligten selbst abverlangt, bleibt oftmals unbedacht. Irgendeine Lösung wird präsentiert und suggeriert die „Machbarkeit" der Lage. Dieses Vorgehen mündet mündet schnell in eine Phase des „muddling through", des „Sich-irgendwie-Durchwursteln". Die Fern- und Nebenwirkungen solcher „Lösungen" mögen dann schlimmere Schäden anrichten als das ursprüngliche Problem. Kritische Situationen, die aus diesem Prozeß erwachsen, werden erneut nach bewährten Schemata behandelt. Die Neigung zum Aktionismus und mit ihm der Glaube, kritische Entwicklungen stets im Griff zu haben, werden aufs neue verstärkt.

Hinter der Entwicklung zurück bleibt die souveräne und nachhaltige Innovationskraft und mit ihr die Kompetenz zur Innovationsführerschaft. Aus dieser Perspektive wird verständlich, warum viele Firmen sich nicht bloß im praktizierten Führungsverhalten, sondern in der gesamten strategischen Unternehmensführung so ausschließlich aufs Kostenmanagement versteifen – in der Illusion, eine „Kostenführerschaft" anzustreben.

Das primäre Motiv dieser Betriebe ist, sich im Konkurrenzkampf momentan zu beruhigen, sich kurzfristige Erleichterung zu schaffen, für die nächsten „Schwimmzüge" etwas Luft zu bekommen. Rigides Kostenmanagement hilft ihnen dabei. Es fokussiert auf einen einzigen Bezugspunkt, den der direkt meßbaren Kostenseite. Damit erlaubt es simple und schnelle Lösungen.

Die werden von anderen quantitativen und qualitativen Wertschöpfungsebenen abgekoppelt und mit uniformen Modellen sowie kurzfristigen Bewertungsdimensionen erreicht. Diese Form des Kostenmanagement ist illusorisch, weil sie einem Unternehmen für seine längerfristige Entwicklung mehr Belastungen aufbürdet statt von ihm nimmt. Die Kosten mögen dabei schrumpfen, aber zu dem Preis, daß wesentliche Gewinn- und Leistungspotentiale künftig nicht genutzt werden können.

Diesen Firmen geht es gar nicht wirklich darum, ihre Kosten drastisch zu reduzieren. Sonst würden sie in ein Projekt- und Prozeßmanagement investieren, das ein systemisches Netzwerkmanagement ermöglicht und Gewinne durch Innovationsführerschaft bereitstellt. Statt neue Perspektiven zu eröffnen, die die Kompetenz zur visionären Führerschaft voraussetzen, und die Kosten wettbewerbs- und innovationsorientiert zu kappen, bleibt ihr Niveau, Leistungspotentiale zu entwickeln und zu bewerten, auf dem alten Stand.

Die Lust an simplen Lösungen kennzeichnet auch den Kommunikations- und Führungsstil, den Umgang miteinander. „Ich will kein Problem hören. Sagen Sie mir die Lösung." Mit solchen Worten schaffen es Führungskräfte, der Verantwortung für eine gute Lösung zu entkommen statt diese zu übernehmen.

In den letzten Jahren hat sich in Unternehmen eine Mode breit gemacht, die dem Ursprung nach vielleicht gutgemeint, in ihren Auswirkungen oft verheerend ist. Sie äußert sich im Bestreben, „nicht in Problemen, sondern in Lösungen zu denken". Die Absicht, nicht in Problemdenken zu verharren, sondern über Problembeschreibungen hinauszugehen und Lösungen anzustreben, ist zunächst positiv. Doch dieser Ansatz wird mitunter gründlich verfehlt und in der Führungspraxis pervertiert. „Sagen Sie mir nicht das Problem, sondern die Lösung" ist ein Spruch, den manche Manager ihren Mitarbeitern gegenüber zunehmend flott von der Zunge lassen. Diese Manager haben einen Wandel nur zum Schein durchlebt. Ihre Art, „lösungsorientiert“ zu denken, verhindert die Fähigkeit ihrer Unternehmen, organisational zu lernen. Denn in der Konsequenz entbindet eine derartige Haltung diese Führungskräfte davon, ihre uralten und eingefleischten Verhaltensmuster überwinden zu müssen.

Auf eine „neu erworbene“ Weise können sie nun die Verantwortung für Lösungen delegieren, ohne ihre eigene Kompetenz zur Verantwortung einlösen zu müssen. Inhaltlich wird ein Wandel vom autoritären Diktat hin zur lösungsorientierten Integration aller Mitarbeiter vorgetäuscht. Weil es in diesem Vorgehen aber nicht darum geht, unterschiedliche Kontextperspektiven zu moderieren und ein Team oder eine Firma zu differenzierten Lösungen zu führen, ändert sich insgesamt wenig. „Schnelle“ Lösungen, die kritische Situationen verkennen und in nahezu beliebiger Weise irgendwelche Ergebnisse einer nach „unten“ delegierten Ideensuche wiedergeben, entbinden von eigenverantwortlicher, fundierter Problemlösekompetenz.

Unklare Aufträge präzisieren

Durch simple Lösungen neigen Führungskräfte dazu, ein Problem nur vordergründig anzugehen. Was ist der tatsächliche „Auftrag“ für eine Führungskraft, ein Team oder ein Unternehmen, wenn es um die Lösung von Problemen geht? Dies falsch einzuschätzen kann für eine Firma katastrophale Folgen zeitigen. Schon an einem „kleinen Konflikt“, der sich in einem Betrieb um das Thema Rauchen dreht, mag das beispielhaft veranschaulicht werden: Jemand beschwert sich bei seinem Vorgesetzten über rauchende Kollegen, mit der Bitte, dies endlich abzustellen. Was ist nun dessen „Auftrag“? Der Vorgesetzte hat zwei Möglichkeiten: Entweder er nimmt die Problembeschreibung unbesehen an und „rauscht“ in eine Lösung hinein, die ihm vom Beschwerdeführer angeboten wird. Oder er versucht den Auftrag „hinter dem Problem“ zu erkennen und zu präzisieren, für den er de facto verantwortlich sein soll: Soll er persönlich auf die rauchenden Kollegen einreden, damit diese ihr „schändliches Tun“ unterlassen? Soll er eine Betriebsverordnung zum Rauchverbot anregen? Soll er die soziale Kompetenz des Mitarbeiters unterstützen, damit dieser sich endlich selbst behauptet? Oder wünscht sich der Beschwerdeführer mehr Kontakt zu seinem Vorgesetzten, so daß über den „Umweg“ eines offenkundigen Problems endlich ein Gespräch über andere drängende Themen zustandekommt?

Schnelle Lösungen verhindern häufig zu erkennen – und zu entscheiden –, mit welchen Zielen ein Auftrag verknüpft ist, zu welchem Zeitpunkt und mit wessen Unterstützung jemand etwas zur Lösung einer Problematik beitragen kann und will. Was wäre schon der Erfolg einer Maßnahme, wenn der Vorgesetzte „auftragsgemäß“, aber unhinterfragt auf die Raucher einredet, der schüchterne Mitarbeiter jedoch seine Chance zu einem besseren Kontakt mit ihm wieder einmal vertan sieht? *Auftragsklärung heißt, den Zielkorridor einer Lösung verantwortlich mitzugestalten:* Wer soll was tun (oder lassen), was wäre für wen ein wünschenswerter Erfolg, wer könnte wie davon betroffen sein? Wer zieht welchen Nutzen?

Den Sinn von Problemen erkennen

Der systemische Aspekt, daß manche Lösungen dazu beitragen, ein Problem zu stabilisieren denn zu überwinden, gerät bei einer allzu flotten Vorgehensweise leicht außer acht. Geht man davon aus, daß Systeme in gewissen Grenzen ihr Gleichgewicht wahren möchten (und Firmen sind als Systeme zu betrachten), dann sind Probleme für deren Stabilität manchmal sinnvoll. Vorschnelle Lösungen, die den Sinn von Problemen ignorieren und sich nur an voreiligen Zielen orientieren, entwickeln die Tendenz, Situationen zu verschlimmern statt sie zu mildern. Dieser Aspekt wird in der Unternehmenspraxis häufig verkannt. Durch seine suggestive Wirkung läßt der Terminus „Lösung“ die Handelnden im Glauben, für ein Problem einen Ausweg gefunden zu haben, ohne daß sie sich bemühen, dessen Bedeutung für das Gleichgewicht des Systems zu verstehen. Das kann eine schwerwiegende Fehleinschätzung der Situation, der Problemstellung oder der verfügbaren Kompetenzen nach sich ziehen.

In der klinischen Psychologie sind solche Phänomene zuhauf dokumentiert. Ein Beispiel mag dies verdeutlichen: Die Erkrankung eines Patienten, der an Depressionen leidet, vermag eine ganze Familie zusammenzuhalten. Alle sind um ihn bemüht. Sie sorgen sich und haben ein gemeinsames Anliegen – dem Patienten helfen zu wollen. Würde es mit Hilfe einer Therapie gelingen, dem Unglücklichen zu heilen, würde seine Familie vielleicht unerwartete Krisen durchleben. Worüber sollen andere Familienmitglieder sich jetzt so ausgiebig unterhalten, was ist dann ihre gemeinsame Sorge, welche neuen Inhalte dienen als „alternativer Kitt" für das familiäre System? Manchmal „braucht" eine Familie gewisse Schwierigkeiten bei einem ihrer Mitglieder, um damit ganz andere, tiefere und lange schwelende Krisen zu überdecken oder sie auszuhalten. Durch die Heilung des einen kämen jene unkontrolliert zum Ausbruch. In einer derartigen Situation hat eine Erkrankung einen Sinn. Ihre Funktion ist, von schimmerem Krisen abzulenken, den Beteiligten einen tauglichen Schutz gegen Zerwürfnisse zu bieten.

In anderen Familien würde es ein falsches Etikett erzeugen, wollte man einer erkrankten Person einen derartigen „Sinn" unterstellen. Diese Familien haben längst gelernt, ihre familiäre Identität zu wahren. Doch durch die Erkrankung eines Familienmitglieds ist ihnen vielleicht jenes „Training" und Interesse an alternativen Möglichkeiten zeitweise verlorengegangen. Durch die Hinwendung an eine Person haben diese Familienmitglieder sich freiwillig eingeengt, um sich auf die Lösung des Patienten-Problems zu konzentrieren. Durch dessen Heilung können sie wieder zu früheren – oder neuen – Alternativen zurückfinden, sich arrangieren, ihre familiäre Identität mit anderen Inhalten weiterentwickeln. Dies würde sie jedoch nicht, wie im ersten Fall, in aufgerissene Gräben stürzen.

Was hat dies alles mit Unternehmensführung und Innovationsmanagement zu tun? Die angesprochenen klinischen Fälle erfordern unterschiedliche „Lösungsstrategien". Ohne eine Analyse dessen, was der „Sinn" oder „Nutzen" der Erkrankung für ein System darstellt, und welche Potentiale auf der anderen Seite schlummern, um die Folgen einer erfolgreichen Therapie zu meistern, sind flotte Vorschläge zur Lösung des Problems äußerst riskant. Genau dies spielt sich in Unternehmen ab: Welchen Sinn hat es für eine Organisation, daß Wandel immer wieder scheitert? Was nützt es einem Betrieb, daß er jahrelang eine innovative Kultur zu entwickeln sucht und doch dauernd auf der Stelle tritt? Das Ablehnen alter Traditionen hat wenig Sinn, wenn es nicht mit einem Verständnis ihrer sinnhaften Bedeutungen verknüpft wird, die sie für ein Unternehmen haben. Erst dieses Vorgehen erzeugt qualitativ neue Informationen darüber, was durch Veränderungen nicht verlorengehen sollte oder in einem gewandelten Kontext konstruktiv genutzt werden kann. Und welche Sekundärinnovationen zu bedenken sind, damit Primärinnovationen eine echte Chance auf Erfolg bekommen. Manchmal erweist sich der Wandel von Kontextbedingungen für das Gelingen innovativer Prozesse günstiger als das beständige Kratzen an inividuellen Managementfähigkeiten.

Um noch einmal beim klinischen Beispiel zu bleiben: Für die erste Familie könnte das „Ziel", nur die Depressionen des Patienten zu beheben, katastrophale Folgen nach sich ziehen. Würde ein Therapeut dieses „Ziel" formulieren, ohne zu verstehen, wie das Problem den Zusammenhalt der Familie stabilisiert, würde er gerade durch seine „Lösung" schwere Krisen heraufbeschwören. Greift man hier den Gedanke der „Primär- und Sekundär-Innovationen" auf, dann geht in diesem Fall der direkten Lösung die Frage vor, welche Veränderungen der Therapie vorausgehen müssen oder von dieser mitzuinitiieren sind, damit sie akzeptiert und im Umfeld der gesamten Familie wirksam werden kann.

Anders gefragt: Wie könnte es gelingen, daß mit Hilfe einer Lösung die Heilung sicherlich scheitert? Ein Weg, dies zu erreichen ist, ganz im Sinne einer „lösungsorientierten Unternehmensführung", die Familienmitglieder zuerst zu fragen, welche „Lösungen" sie selbst für ihr Problem sehen und diese Vorschläge dann unkritisch und unhinterfragt als Konzept zu übernehmen. Wenn die Familie ihr Problem nicht benennen und sich über dessen „Sinn" keine Gedanken machen muß, sondern nur einen brauchbaren Lösungsvorschlag vorlegen soll, dann ist das Risiko groß, daß sie ausgerechnet solche Lösungsalternativen vorschlägt, die das Aufbrechen verdeckter Krisen verhindern, und statt dessen die Symptomatik des Patienten fixieren. Im Sinne des „Zieles" würden die Lösungen scheitern, aber im Sinne einer „ver-rückten" Stabilität durchschlagenden Erfolg haben. Das Scheitern dieser Lösungen würde die Familienmitglieder zu immer neuen Bemühungen und Sorgen anregen, die alle wieder zum problematischen Ausgangspunkt zurückführen. Der „Kreislauf" problemorientierter Stabilität wird dann permanent durch dessen Lösungsversuche gespeist.

Gleiches passiert in Betrieben. Durch undurchdachte Lösungen, die den „Sinn" einer Problematik für eine Organisation nicht hinterfragen, entsteht die Gefahr, daß sich organisationales Lernen mit verdrehten Vorzeichen entwickelt. Führungskräfte und Mitarbeiter lernen, mit Hilfe „lösungsorientierter" Strategien schwelende Krisen zu überdecken und das alte Gleichgewicht zu stabilisieren. Solche Lösungen sind jedoch nicht innovationstauglich. Sie schaffen keine tragfähige Innovationskultur, noch unterstützen sie die Kompetenz zum Innovationsmanagement, noch führen sie ein Unternehmen zur Innovationsführerschaft.

Eine Organisation verweilt mit Hilfe solcher Lösungsmodelle nur länger im trügerischen Gefühl der Sicherheit, verbunden mit gigantischen Kosten und einem gleichzeitigen Schwund an Wertschöpfungspotentialen.

Damit dieses Risiko nicht zur Innovationskultur in einem Unternehmen gerät, sollten „simple" Lösungen nur in Ausnahmefällen akzeptiert werden. Sie scheinen vertretbar, wenn der Zeitdruck extrem hoch und die Risiken einer Fehleinschätzung überschaubar sind, oder wenn durch eine Problemlösung nur ein minimales Innovationsniveau gefordert wird und die etwaigen Reparaturen einer Fehlentscheidung routinemäßig und zu niedrigen Kosten zu leisten ist.

Viele Manager werden sich selten der Quellen bewußt, aus denen sie jenes Halb- und Viertelwissen beziehen, wie es in untauglichen Problemlösestrategien zum Ausdruck kommt. Manchmal sind sie es selbst, die verfügbares Know-how und verantwortliches Handeln unzulässig verkürzen. Manchmal lassen sie sich Unausgegorenes auch nach Belieben servieren.

Die unheilvolle Tendenz, ausgerechnet für innovative Entwicklungen undurchdachte „Lösungen" in großem Ausmaß zuzulassen, kommt teils dem hohen Zeitdruck, teils dem unzureichenden Kompetenzprofil dieser Führungskräfte entgegen. Die Simplifizierung der Innovations- wie auch der Führungskultur läßt sich an zwei Symptomen ablesen: am unbedachten Drang nach schnellen Lösungen, die ohne Kompetenz zur Kontext- und Auftragsklärung um sich greifen, und an der Unfähigkeit, unterschiedliche Wertschöpfungsbereiche in vernetzte Lösungsprozesse zu integrieren und in ihrem Zusammenwirken zu unterstützen.

Die Prozeßfalle

Um Projekte vorzubereiten, werden zunächst deren Globalziele auf der inhaltlichen oder Sachebene formuliert. In den nachfolgenden Schritten sind diese in Teilprojekte zu untergliedern, anschließend detailliert zu planen, durchzuführen und zu implementieren. Diese Teilprojekte beschreiben die jeweiligen konkreten Arbeitsschritte sowie die zugehörigen Zeit- und Ressourcenpläne. Diese Teilschritte orientieren sich an Kriterien des logischen Ablaufs. Des weiteren sind sie kapazitäten- und kostenoptimal zu gestalten und zu vernetzen. Das entspricht dem „technischen" Teil des Projektmanagements, der durch projektspezifische Kenntnisse zu erfüllen ist. Dennoch werden Projekte oft abgebrochen, trotz gut ausgebildeter fachlicher und methodischer Kenntnisse. Ein verbreiteter Grund für mißlungene Projekte liegt nicht in spezifischen, sondern in den unspezifischen Kompetenzen, mit innovativen Herausforderungen umzugehen. Mit anderen Worten: in der „Innovationskultur" eines Betriebs.

Was zeichnet die Innovationskultur eines Unternehmens aus, welche unspezifischen, also situationsübergreifenden Aspekte sind wichtig?

Diese Fragestellung gilt auch für Unternehmen, die mit Hilfe umfassender Reorganisationsprojekte neue Prozeßstrategien, Strukturen oder innovative Geschäftsfelder einzurichten suchen. Mit einzelnen Projekten wird das in der Regel nicht zu bewältigen sein. Für solche Vorhaben sind meist mehrere Projekte anzusetzen, die mit Hilfe von Rahmenstrukturplänen aufeinander abzustimmen sowie inhaltlich, zeitlich und ressourcenbewußt zu verzahnen sind.

Wenn diese Projekte unkoordiniert nebeneinander ablaufen, entsteht die Gefahr der Flickschusterei. Die wäre noch harmlos, würden nicht durch isolierte Teilziele und -abläufe eine Reihe von sekundären strategischen Konflikten entstehen. Unter „strategischen Konflikten" ist nicht gemeint, daß einzelne Führungskräfte oder deren Mitarbeiter in konkurrierende Interessen oder Streitigkeiten geraten, sondern daß unterschiedliche Zielsysteme erforderlich sind, die aus verschiedenen Kontextbereichen stammen, um übergeordnete Globalziele zu erreichen. Diese Zielsysteme stehen nicht immer in günstiger Beziehung zueinander. Statt Synergien zu erzeugen, können sie sich gegenseitig behindern oder sogar ausschließen. Soll ein Reorganisationsprojekt erfolgreich sein, muß eine Organisation lernen, mit paradoxen Herausforderungen umzugehen. Das erfordert zum einen spezifische Fähigkeiten, um die anstehenden, konkreten Projektsituationen zu meistern. Zugleich erfordert es unspezifische, also situationsübergreifende Kompetenzen, um Paradoxien konstruktiv aufzulösen oder im Sinn der Unternehmensentwicklung aktiv zu nutzen. Wie geht das?

Vernetzte Kommunikation

Im Multiprojekt- und Multiprozeßmanagement ist Kommunikation kein Selbstzweck. Ihre Aufgabe besteht darin herauszuarbeiten, welche unterschiedliche Dynamik der inhaltliche Aufbau von Projektabschnitten jeweils nach sich zieht. Das könnten beispielsweise Fragen sein, welche Projektteams „mitkommen" oder zurückbleiben, welche unerwarteten Veränderungen sich aus den erwünschten ergeben, wie diese auf spätere Projektphasen einwirken. Was es für die unterschiedlichen Beteiligten und Betroffenen bedeutet, wenn ein Projektabschnitt erfolgreich ist, wenn er beabsichtigt oder überraschend weitere Kreise zieht.

Schließlich ist zu bedenken, welche Dynamik im Projekt oder in dessen Umfeld entsteht, wenn dem Unternehmen aus geplanten Innovationen bislang unerkannte Potentiale erwachsen. Dann ist zu fragen, wie die Dynamik eines Prozesses auf früher formulierte Ziele zurückwirkt, deren Bedeutung für das Gesamtprojekt verändert. Was folgt daraus, um die weitere Projektarbeit, deren Teilziele und -phasen abzustimmen?

Diese Fragen nach der Prozeßdynamik werden von den „Mustern" beeinflußt, die den Umgang miteinander prägen. Beobachtet man in einem Unternehmen, wie Entscheidungen vorbereitet, gefällt, in Maßnahmen übersetzt werden, dann gibt es bestimmte Merkmale, die für ein Unternehmen typisch sind und die sich von den Mustern anderer Unternehmen unterscheiden. Oft werden solche Merkmale nicht bewußt formuliert, aber als „Rituale" oder charakteristische Ablaufschemata sind sie offensichtlich.

Vernetzte Kommunikation hat die Aufgabe, aus dem allgemeinen Ereignisstrom überzufällige, in sichtbarer Regelmäßigkeit wiederkehrende Entscheidungs- und Verhaltensmuster herauszufiltern und ihren Beitrag für das Scheitern oder Gelingen von Projekten abzuschätzen. Für manche Projektphasen mögen bestimmte Muster vorteilhaft sein, für andere können sie sich hinderlich auswirken.

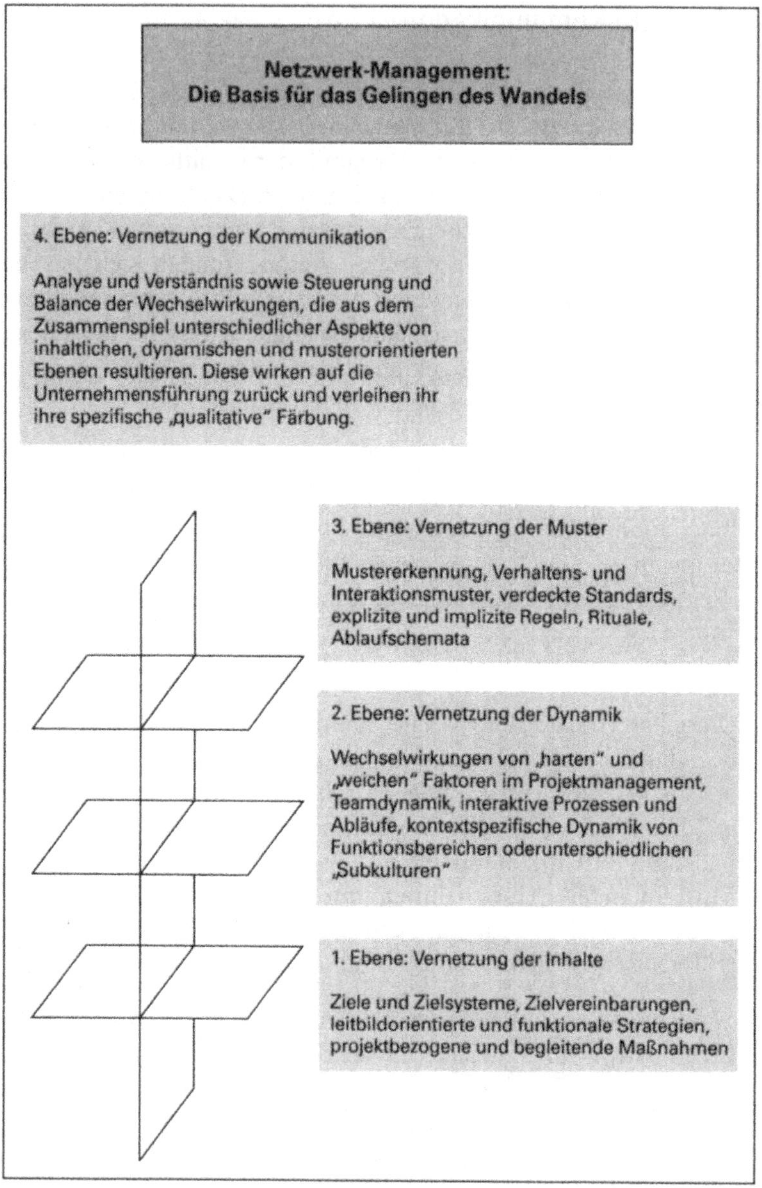

Netzwerkmanagement: Vier Ebenen zur Diagnose und Entwicklung der Innovationskultur

Welche Muster wirken sich in welcher Phase wie aus? Sind die beobachteten Muster verschiedenartig, situationsgerecht und flexibel, oder erweisen sie sich unabhängig von bestimmten Phasen als starr und rigide?

Die kommunikative Kompetenz ist erforderlich, um all diese Vernetzungsebenen in ihrem gegenseitigen Einfluß zu klären und transparent zu machen. Überträgt man sie in ein „Modell der Innovationskultur", dann repräsentiert dieses vier vernetze Ebenen. Auf der „untersten" Ebene liegt der inhaltliche Projektanspruch. Er bildet mit seinen Master-Plänen die Basis, das heißt die spezifischen Bausteine des Projektmanagements. Wie der Klangkörper einer Violin oder Gitarre aber nicht nur aus einem einzigen Deckel besteht, so ist der inhaltliche Boden allein für ein gut abgestimmtes Projekt zu wenig. Für dessen erfolgreichen Verlauf müssen die am Projekt beteiligten Führungskräfte und Mitarbeiter lernen, die Dynamik zu beherrschen, die ausgelöst wird, wenn unterschiedliche Teilprojekte konfrontiert oder integriert werden sollen. Über der zweiten Ebene der Prozeßdynamik liegt die dritte. Die äußert sich in der Kompetenz zu erkennen, welche Interaktions- und Entscheidungsmuster sich für bestimmte Prozeßphasen förderlich oder hemmend auswirken. Diese Informationen umfassend zu erzeugen, ihre wechselseitige Bedeutung zu verstehen und für die optimale Gestaltung der notwendigen Primär- und Sekundärinnovationen nutzbar zu machen, ist der Beitrag der vernetzten Kommunikation als vierter Ebene der Innovationskultur.

Teamführung als Instrument der Innovationskultur

Innovationskultur ist kein Zustand, den ein Unternehmen erreicht und dann auf Dauer behält, sondern ein kontinuierlicher, immer wieder neu zu aktivierender Prozeß. Dieser Prozeß entsteht nicht von selbst. Er verlangt ein hohes Niveau an Führungskompetenzen, die dem Unternehmen seine innovative „Konstitution" verleihen.

Die Fähigkeiten, die im spezifischen Know-how des Projektmanagements liegen, entsprechen der *Kondition* eines Sportlers. Die Kondition, die jemand durch sein tägliches Training erreicht, wird um so stärker, je besser seine *Konstitution* ist, auf der die sportlichen Übungen aufbauen. Die Konstitution entspricht der Innovationskultur eines Unternehmens.

Im Sport entsteht eine gute Konstitution zum Teil durch intensives Training. Andere Faktoren wie eine ausgewogene Ernährung, anregende Geselligkeit, mentale Belastbarkeit, kontrollierter Alkoholgenuß unterstreichen den Wert der sportlichen Leistungsfähigkeit. Wenn es darauf ankommt, geben sie den entscheidenden Ausschlag. Beide Stärken, die Kondition wie die Konstitution, sind jedoch nicht selbstverständlich.

Ein kontinuierlich hartes Training will ebenso gepflegt sein wie eine leistungsbewußte Lebensführung. In Betrieben ist das ähnlich: Um Reorganisationen von Unternehmen erfolgreich durchzuführen, aber auch um technologische Synergieeffekte langfristig auszuloten, müssen beide Führungskompetenzen ineinandergreifen – die des unternehmensübergreifenden Projektmanagements und des innovationsorientierten betrieblichen Kulturmanagements.

Teamführung, die solche Prozesse unterstützt, zielt auf eine andere Wertschöpfung ab als nur den guten Umgang miteinander zu fördern, Konflikte zu entschärfen oder einige Kreativitätstechniken einzuführen. All das sind wichtige Bausteine, um eine reibungslosere Zusammenarbeit im Team zu gewährleisten. Sie sind deshalb nicht zu unterschätzen. Aber sie erzeugen keine hinreichenden teamfähigen Potentiale, um auf der Ebene des Multiprojekt- und Multiprozeßmanagements die Kompetenzen zur Innovationsführerschaft zu gewinnen, zu stabilisieren. Im folgenden soll deshalb nicht von allgemeiner Teamentwicklung die Rede sein, da diese durch viele Motive begründet sein kann. Der Focus richtet sich auf die Kompetenzen zur Teamführung, soweit sie den Zielen der Innovationsführerschaft und Innovationskultur dienen. Aus dieser Sicht läßt sich Teamführung unter mehreren Blickwinkeln betrachten:

Wie leiten Führungskräfte innovationsverantwortliche Teams? Hier geht es um das Verständnis des Intervenierens, Moderierens und Steuerns. Demgegenüber steht das Verständnis einer selbstorganisierenden und selbstcoachenden Teamführung.

Beide Aspekte, die der Leitung wie der Selbstorganisation, spielen sowohl für die Kooperation und Koordination innerhalb von Teams als auch zwischen verschiedenen Teams eine wichtige Rolle. Allgemeine Prozesse der Teamentwicklung greifen häufig zu kurz, um das Gelingen innovativer Prozesse abzusichern. Das läßt sich anhand zahlreicher Projekte beobachten – vor allem dann, wenn man auf die Potentiale ihrer „Konstitution", ihrer Innovationskultur achtet.

Wer es sich als interner Mitarbeiter oder als externer Beobachter leisten kann, den Verlauf verschiedener Projekte unter die Lupe zu nehmen, wird eine verblüffende Erfahrung machen: In vielen Unternehmen wurden erhebliche Summen für Maßnahmen zur Teamentwicklung investiert. Zu Recht, denn die trainierten Teams haben meist gelernt, ihre anfallende Arbeit besser zu organisieren und sich im Umgang miteinander zu arrangieren. Das trägt auch zur Gestaltung innovativer Prozesse positiv bei. Bis zu einem bestimmten Punkt. Dann kippt die Stimmungslage von euphorischer Motivation und Begeisterung für eine neue Sache pötzlich um in Frustration und apathische Innovationsverweigerung. Durch gruppendynamische Prozesse, die gewisse Schwierigkeiten und Entwicklungsphasen von Teams voraussagen, lassen sich solche Änderungen nur zum Teil erklären.

Die Beobachtung zeigt, daß dieser „apathische Knick" in der Haltung von Projektverantwortlichen auftritt, wenn Schwierigkeiten in der inhaltlichen Zusammenarbeit auftauchen, dann vom betroffenen Team reflektiert werden – und dennoch nicht verschwinden.

Monotone Muster behindern die Projektarbeit

Projekte scheitern nicht an beliebiger Stelle. Sie brechen in kritischen, oft vorhersehbaren Momenten ab. Eine schwierige Konstellation entsteht, wenn brauchbare fachliche und methodische Kompetenzen auf unzureichende Fähigkeiten im Management der Innovationskultur stoßen. Dies erzeugt eine brisante Mischung aus gleichzeitig wahrgenommener Sicherheit und Hilflosigkeit. Diese treten abwechselnd und unkalkulierbar in den Vorder- oder Hintergrund. Der Projektverlauf nimmt damit einen äußerst ambivalenten Charakter an.

An der projektbezogenen Teamführung ist diese paradoxieartige Ambivalenz gut zu erkennen: Zunächst der übliche Ablauf: Ein Team startet ein innovationsorientiertes Projekt, sei es technologisch oder organisational. Es beginnt damit, die Globalziele zu formulieren. Dann übersetzt es diese in einzelne Teilschritte. Die Teammitglieder werden in kleinere Teams aufgeteilt. Die beginnen, an ihren jeweiligen Aufgaben zu arbeiten.

Fall 1: Die Krise ist nicht bedrohlich

Das spezifische Fachwissen der Projektmitarbeiter sitzt. Schwierigkeiten treten auf, weil eines der Teams dachte, die übrigen Teams würden von ihm erwarten, daß es seine Teilaufgabe in einer bestimmten Weise erfüllt. Eine Besprechung offenbart, daß dies ein Irrtum war. Der Projektfluß stockt. An dieser ersten Etappe könnte die Dynamik des Gesamtprojekts auseinanderbrechen. Die anderen Teams müssen warten, gegenseitige Erwartungen klären und den Ablauf insgesamt umorganisieren. Das ist in der Regel nicht dramatisch. Die meisten Projektteams haben gelernt, solche Schwierigkeiten aufzugreifen, zu reflektieren, abzufangen. Was tun sie, um diese Schwierigkeiten zu überwinden? Sie schalten von einer inhaltlichen, sachbezogenen Betrachtung um in eine Prozeßbetrachtung. „Wie konnte es dazu kommen, daß wir uns geirrt haben? Was müssen wir tun, um das im nächsten Schritt zu verhindern?“ Die Reflexionsphase bringt Klärung. Das gesamte

Team hat über sich selbst und seine Prozesse gelernt. Ein Informationsgewinn, mit dem es in die Sachebene zurückkehren und an den Projektaufgaben weiterarbeiten kann. Die Sicherheit, inhaltlich und prozeßorientiert kooperieren zu können, bringt die Team- und Projektarbeit voran.

Das geht nicht immer so glatt vonstatten. Szenenwechsel:

Fall 2: Ein Beziehungskonflikt

Das Problem taucht an anderer Stelle erneut auf. Die Teams disputieren über Verständnis und Gewichtung einzelner Ziele. Sie streiten auf der Sachebene, kommen nicht weiter. Einem Teamtraining folgend wechseln sie in die Ebene der Prozeßbetrachtung. Sie disputieren nun darüber, warum sie auf der Sachebene in eine Stagnation geraten sind.

Doch die Auseinandersetzung eskaliert ausgerechnet auf der Ebene der Prozeßbetrachtung. Die Sicherheit, inhaltlich als auch prozeßorientiert zusammenarbeiten zu können, schlägt um in ein Gefühl der Hilflosigkeit. Was ursprünglich als Strategie eingeübt wurde, um einer kritischen Situation zu entkommen, taucht das Team noch tiefer in die Krise. Der gelernte Lösungsweg verschärft die Situation. Auf der ersten Ebene stagniert die inhaltliche Zusammenarbeit, auf der nächsten lahmt die Prozeßbetrachtung. Die Arbeit an Zielen mündet ebenso in der Sackgasse wie die Analyse von Prozessen. Die Projektarbeit bricht ab.

Was war passiert? In einem konkreten Fall übernahmen beispielsweise einige wenige Teammitglieder die führende Rolle bei der Formulierung von Zielen. Alle anderen Teammitglieder gerieten zunehmend und unfreiwillig in die Rolle von Statisten. Der Kreis des gesamten Teams fand sich nach einer Weile in zwei Untergruppen aufgespalten. Denjenigen, die die Arbeit an sich zogen, saßen jene gegenüber, die ungefragt zuschauen mußten. Im Verdruß über diese Dynamik begannen die, die nichts mehr zu sagen hatten, ihrem Ärger Luft zu machen. Auf der Sachebene ging nichts mehr. Angeregt durch den Projektleiter, wechselte das Team das Betrachtungsniveau. Der abgelaufene Prozeß sollte reflektiert werden. Alle Teammitglieder kannten dieses Prinzip aus Supervisionskursen und Trainings zum Teamcoaching. Sie ließen sich sofort darauf ein. Denn sie erwarteten von diesem Schritt, anschließend wieder sachlich im Projekt weiterarbeiten zu können. Doch es waren erneut einige wenige, wenn auch andere Personen, die jetzt die Wortführerschaft übernahmen. Die wollten nun ihren Kollegen zeigen, was auf der Prozeßebene nicht gepaßt hatte.

Die Personen waren andere als zuvor, aber die Dynamik des gesamten Teams, mit krisenhaften Momenten umzugehen, blieb trotz veränderter Betrachtungsebene die gleiche. Die Interaktionsmuster wiederholten sich auf monotone Weise. Einige preschen vor, drängen andere in die Rolle von Unbeteiligten.

Der Disput über Prozesse wurde hier inhaltlich wie prozeßorientiert nach den gleichen Ablaufschemata geführt. Das Team wechselte die Betrachtungsebenen nur formal.

Die Teamführung vollzieht sich dann über verschiedene Situationen und Aufgaben hinweg nach monotonen, rigiden Mustern. Diese Mustererkennung konnte das Team nicht leisten, noch erkannte es deren Wechselwirkungen mit der Prozeßdynamik und der inhaltlichen Arbeit. Die Projektleitung blieb ihren Auftrag schuldig, ein hinreichend entwickeltes Niveau an Innovationskultur zu erzeugen. Der qualitative Sprung vom technokratisch geführten Projektmanagement zur praxisrelevanten, differenzierten Teamführung wurde nicht geleistet. Zu dieser gehört, nicht nur Sach- und Prozeßziele und -abläufe zu steuern, sondern auch die Dynamik von Prozessen und die zugrundeliegenden Handlungsmuster zu erkennen, zu variieren, flexibel einzusetzen sowie deren Wechselwirkungen zu kommunizieren.

Der zweite Fall schildert eine gruppendynamische Problematik. Er tritt auf, wenn die Teams, die für ein Multiprojektmanagement verantwortlich sind, sich fachlich und methodisch verständigen können, aber nicht gelernt haben, ihr soziales Wirkungsgeflecht und die *„Kommunikation über Kommunikation“ zu vernetzen.* Sie teilen sich in diesen Bereichen die selben blinden Flecke und verfangen sich dann leicht in peripheren Scheingefechten darüber, was „richtig“ und „falsch“ sei, oder – noch schlimmer – wer „recht hat“ oder „die Schuld trägt“. Darüber wird verkannt, nach welchen rigiden Mustern alle diese Diskussionen ablaufen.

Fall 3: Ein strategischer Konflikt

Die inhaltliche Zusammenarbeit stockt, das Team spricht über seine Prozesse (und möglicherweise über die Muster), die seine Kooperation und Kommunikation prägen. Die gruppendynamischen Konflikte scheinen aufgelöst zu sein, aber das Team kommt sachlich nicht weiter. Es fängt an, wie ein Relais zwischen beiden Betrachtungsebenen hin- und herzuschalten. Entweder erhöht es seine „Schaltfrequenz“ deutlich und springt immer schneller zwischen allen möglichen Betrachtungsebenen herum. Oder die Prozeßbetrachtungen dauern immer länger, während die fachliche Arbeit zunehmend zu kurz kommt.

Hier bahnt sich das Risiko an, daß ein Team ins bloße Psychologisieren gerät und darüber die strategischen Konflikte verkennt, die zu mangelnder Arbeitsfähigkeit führen. Die Gefahr steigt, daß es seine Tendenz, über „Probleme zu plaudern“, mit „Kommunikation“ verwechselt. Strategische Konflikte haben mit gruppendynamischen Prozessen nicht viel zu tun.

Sie beziehen sich darauf, die unterschiedlichen Bedeutungen, Werte, die Art und den Grad an Beteiligung und Betroffenheit zu verstehen, der mit verschiedenen Projekt- und Prozeßphasen verbunden ist. Ein und dasselbe Ziel, etwa „Kundenorientierung“ bedeutet für den Vorstand eines Unternehmens etwas anderes als für den Entwicklungsingenieur, den Verkäufer oder die Reinigungskraft. Diese Bedeutungen sind weder isoliert noch statisch. Sie beeinflussen sich gegenseitig, und sie verändern sich, wenn bestimmte Abschnitte erreicht sind und in eine neue Phase übergehen. Das hat weitreichende Konsequenzen für die Arbeitsorganisation: Was bedeutet es für die Arbeit eines Entwicklungs-

Coaching als „Meta"-Organisation im Team
Der Aufbau von „selbst-coachenden" Teams und die Gestaltung von „selbst-supervidierenden" Teamstrukturen

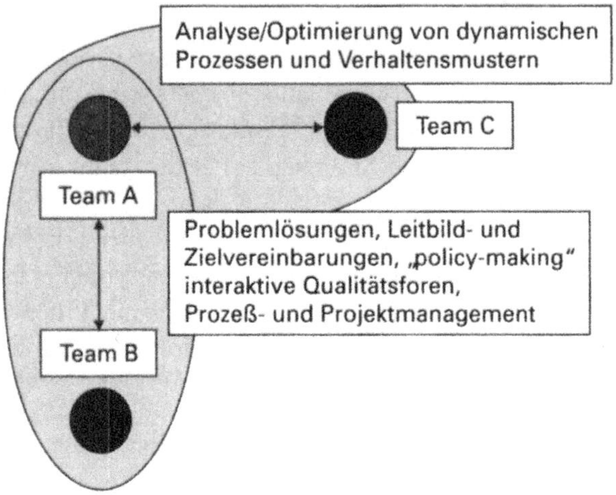

Team A setzt verschiedenartige Methoden und Instrumente ein, wie beispielsweise Kontext- oder Szenario-Analysen, um Strategien von Team B zu Problemlösungen, „policy-making" und Prozeß- oder Projektmanagement zu analysieren, zu unterstützen und zu optimieren. Die Beziehung zwischen den Teams A und B baut auf einem analytischem Niveau (1. Ordnung organisationalen Lernens) auf.

Die Aufgabe von Team C besteht keinesfalls darin, wie A das Team B zu unterstützen. Team C hat die Aufgabe, das Team A darin zu coachen/ zu supervidieren, damit dieses seine Leistungen für B deutlich verbessern kann. Dazu kann C vergleichbare Instrumente wie A heranziehen oder ganz andere Methoden einsetzen, etwa verschiedene Instrumente von „reflecting teams". Die Beziehung zwischen den Teams C und A baut auf einem meta-analytischen Nivau auf (2. Ordnung organisationalen Lernens). Um „Slack"-Potentiale zu erzeugen, sollten die Teams die Aufgaben aller Positionen trainieren.

Selbstcoachende Teams unterstützen die strategische Kommunikation teams, wenn der Vertrieb ein Ziel für sich in einer bestimmten Weise definiert – und umgekehrt? Welche Kriterien sollen mit einem Ziel wie der „Kundenorientierung" erreicht werden? Kostensenkung, stärkere Bindung der Stammkunden, Erschließen neuer Märkte? Verstehen alle am Projekt Beteiligten unter diesen und anderen Kriterien das gleiche? Welches Kriterium erscheint wem wichtiger, warum? Welchen Projektbeitrag erwartet wer von wem?

Das zu kommunizieren trägt entscheidend dazu bei, um Projekte nicht immer wieder in Mißverständnisse und Irritationen zu führen. Dazu bedarf es verschiedener Formen der strategischen Kommunikation. Die sind im Rahmen der Teamführung zu trainieren. Und es erfordert eine profunde Methodenkenntnis, um den Umgang mit strategischen Konflikten als notwendigen Bestandteil der Projektarbeit aufzugreifen.

Schematisches Wechseln zwischen den verschiedenen Betrachtungsebenen des Projektmanagements und der Innovationskultur reicht aus dieser Sicht nicht aus, um innovative Projekte zu vernetzten und zu leiten. Die Projektleitung muß die Fähigkeit entwickeln, aus einer übergeordneten „Meta"-Perspektive zu erkennen, welcher Projektansatz und welche Form der Auseinandersetzung jeweils zielführend ist. Darin liegt ein weiterer Auftrag für die vernetzte Kommunikation, die innerhalb und zwischen den beteiligten Teams zu leisten ist. Die Projektteams sollten selbst lernen, „Meta"-Perspektiven einnehmen und damit ihre Situation gestalten zu können.

„Innovatives Selbstbewußtsein" durch Kommunikation

Manche Entscheidungs- und Interaktionsmuster, die Innovationsprozesse unterstützen, sind sehr stabil und wiederholen sich oft. Andere „zerfallen" leichter und nehmen eine geringere Repräsentanz in einem sozialen System ein als die robusten Muster. Das ist für die Konstruktion von langfristig erfolgreichen Innovationsprozessen bedeutsam.

Zum Management der Innovationskultur gehört die Kompetenz, eine langfristige Prozeßdynamik positiv zu verstärken. Auf der inhaltlich-sachlichen Ebene stellt sich diese Frage weniger, weil die Erfolge von Projekten von sich aus belohnend wirken. Gleiches gilt für erfolgreich abgeschlossene Teilprojekte. Zwischenerfolge erhalten die Motivation der Mitarbeiter und sind deshalb nicht zu unterschätzen. Die Gliederung von Projekten in verschiedene Teilprojekte hat aus dieser Sicht nicht nur einen arbeitsökonomischen, sondern auch einen motivationalen Sinn. Ziele zu definieren und zu erreichen stabilisiert die Erfolgsorientierung von Teams.

Die Handlungsmuster, die mit *projekt*bezogenen Lernprozessen einhergehen, werden auf diese Weise verstärkt. Dieser Erfolg ist relativ kurzfristig meßbar. Handlungsmuster, die mit *prozeß*bezogenen Lernprozessen einhergehen, entfalten – und brauchen – eine ganz andere Eigendynamik.

Das führt nochmals zum Bild des Sportlers zurück, dessen Kondition leichter zu messen ist als seine Konstitution. Wenn er regelmäßig seine Liegestützen macht, wird er die durchschnittliche Anzahl, die er schafft, bald erhöhen können. Anders, wenn er aufhört zu rauchen oder beginnt, seine Ernährung umzustellen. Bis hier sichtbare „Erfolge" eintreten, ist mehr Geduld, Zeit und Überwindung vonnöten. Solche Handlungsmuster verschaffen in weit geringerem Maße unmittelbare Erfolgserlebnisse und sind deshalb anfälliger, labiler, zerbrechlicher als kurzfristig verstärkte Erfolge. Das Risiko eines Rückfall in alte Gewohnheiten ist hoch.

Um die prozeßorientierte Innovationskultur eines Teams zu führen, bedarf es anderer Verstärkungs-„Muster" als bei der Steuerung von Projektabläufen. Sonst steigt die Gefahr, daß Projekte professionell gestartet werden und dann wieder einknicken, wenn über technokratisch zu bedienende Ablaufschemata hinaus die umfangreiche Klaviatur der Innovationskultur zu spielen ist. Ähnlich wie beim Erlernen von schwierigen Instrumenten bleibt der unmittelbare Erfolg bei präventiven oder langfristigen Innovationszielen zunächst aus. Um diese virtuos spielen zu können, ist nachdrückliches Lernen erforderlich.

Eine problematische Innovationskultur kann bei den beteiligten Teams unterbewußt ablaufen. Das geschieht oft, wenn Teams nicht gelernt haben, ihre strategischen Krisen zu meistern, und wenn Führungskräfte über ihr technisches Projektwissen hinaus schlicht überfordert sind. Da direkte, selbstverstärkende Belohnungen im Umfeld von prozeßorientierten Initiativen häufig fehlen, ist es hier besonders wichtig, das Potential des Scheiterns aufzufangen. Für den positiven Fortgang von Innovationsprozessen ist die gezielte Entwicklung selbstverstärkender Handlungsmuster erforderlich. Diese sind dann in der Lage, Innovationsimpulse ohne direkte äußere „Belohnungsstrukturen" zu erneuern.

Diese Form der Innovationskultur kann auf der Grundlage eines klar entwickelten Führungsverständnisses gepflegt werden. Die Kompetenz zur vernetzten Kommunikation ist der Schlüssel einer Organisation, um das „innovative Selbstbewußtsein" eines Unternehmens wachzuhalten und die verschiedenen Beteiligten aktiv in langfristige und vor allem in präventive Innovationsprozesse einzubeziehen.

Präventive Innovationsprozesse wenden späteren Schaden ab und erzielen die größte Wertschöpfung. Doch gerade, wenn sie gelingen, gibt es nichts mehr zu reparieren und damit keinen unmittelbar verstärkenden „Erfolg". Eine sensible Kommunikationskultur gewinnt deshalb in der Rolle einer präventiven Verstärkerfunktion an Bedeutung.

Die Kommunikationskultur verfolgt den Auftrag, die Flexibilität, Vielseitigkeit und Verfügbarkeit von variablen Handlungsmustern zu unterstützen und die latenten Entwicklungspotentiale der betroffenen Teams zur Geltung zu bringen.

Strategien, um leistungsfähige Unternehmen zu schaffen

Projekte, die das Ziel verfolgen, ein gesamtes Unternehmen oder einzelne strategische Geschäftsbereiche zu verändern, ziehen einen hohen Innovationsdruck für alle Beteiligten nach sich. Betrachtet man einzelne Strategien, mit denen Unternehmen versuchen, ihre Wettbewerbsfähigkeit zu verbessern, dann lassen sich je nach Reorganisationsmodell spezifische Risiken erkennen. Das gilt insbesondere für Strategien des Lean-Managements und des Reengineering, auch für die Bildung von strategischen Allianzen und des Total Quality Managements. Alle Strategien verlangen eine geeignete Balance zwischen den Anforderungen des Projektmanagements und der betrieblichen Innovationskultur – auch wenn deren Konzepte im Vergleich verschiedener Unternehmen variieren. Gerät diese Balance aus dem Gleichgewicht, entstehen je nach strategischer Ausrichtung unterschiedliche Risiken. Die Balance gerät in Schieflage, wenn der Ablauf der Projektphasen rein technisch verfolgt oder nur von unzureichenden Fähigkeiten zur Innovationskultur begleitet wird, oder wenn letztere so in den Vordergrund gespielt werden, daß sie zu Lasten fachlicher und methodischer Kompetenzen gehen.

Das Lean-Management

„Schlanke Hierarchien" zu formen ist in zahlreichen Unternehmen bereits Tradition geworden. Manche Betriebe wie auch ein Großteil der öffentlichen Verwaltungen sind auf dem Weg. Lean-Management ist noch immer ein aktuelles, bisweilen brisantes Thema. Es wurde zur Zauberformel innovativer Unternehmensreorganisation. Lean-Management konzentriert sich darauf, Verkrustungen aufzulösen und die unternehmensinternen wie -externen Formen der Kooperation durchsichtiger, schneller, effizienter zu gestalten. Auf einen knappen Nenner gebracht, besteht die zentrale Idee des

Lean-Managements darin, ein Unternehmen nicht an seinen Mauern enden zu lassen, sondern dessen Lieferanten- und Kundensysteme aktiv in den gemeinsamen Wertschöpfungsprozeß einzubeziehen.

Betriebskosten sollen über den gesamten Wertschöpfungsbogen rationalisiert und zugleich an ein hohes Maß an Qualität, Flexibilität und kompetitiver Preisgestaltung gekoppelt werden. Die Kundenorientierung steht an erster Stelle. Der Kunde ist nicht länger nur der Käufer eines Produkts. Er soll im Sinne einer bestmöglichen Effizienz an der Kommunikation der Produktgestaltung beteiligt werden. Um schädliche Folgekosten zu kappen und fehlerhafte Produkte abzufangen, bevor sie den Kunden erreichen, werden Lean-Prozesse von Methoden eines prozeßorientierten Controlling begleitet.

Lean-Management in ein Unternehmen einzuführen ist in sich ein komplexes Innovationsprojekt. Es berührt auf unterschiedlichen Gestaltungsebenen eine Reihe von Zielen. Ebenso taucht es in die gesamte, komplexe Unternehmenswelt ein, mit der hohen Wahrscheinlichkeit, daß die Unternehmensumwelt ebenfalls in vielfältiger Weise von solchen Maßnahmen betroffen wird.

Hält man sich dieses Bild vor Augen, wird verständlich, warum sich, trotz hoher Ansprüche, manche Betriebe schwer tun, aus einer Lean-Reorganisation nachhaltige Wertschöpfungsvorteile zu gewinnen. Denn sie leisten sich nicht nur einzelne Fehler, sondern ganze Fehlerbündel, wenn sie hochinnovative Reorganisationsprojekte einführen. Zum einen werden sie den strategischen Konflikten nicht gerecht, die mit divergierenden Zielen aufkommen. Zum anderen versäumen sie es, im Vorfeld der „Primärinnovation Schlanke Struktur“ die notwendigen Sekundärinnovationen einer vernetzten, funktions- und hierarchieübergreifenden Kommunikation zu schaffen. Die ist eine dringende Voraussetzung, soll ein Lean-Prozeß gelingen. Sonst steht der Betrieb am Ende „sprachlos“ da. Denn die alten Kommunikationsmuster passen bald nicht mehr zu den neuen Organisationsstrukturen. Oder sie müssen informell durch die Hintertür – nur anders benannt – wieder etabliert werden, damit die Verständigung nicht zusammenbricht. Man könnte das mit Petrus' biblischen Worten beschreiben: „Der Hund frißt wieder, was er gespieen hat."

Die Resultate von inkompetenten Lean-Projekten äußern sich darin, daß die Anzahl der verbliebenen Hierarchien geringer wird, daß aber diverse Hintertürchen benötigt werden und unerläßlich sind, um brauchbare Arbeit zu leisten. Mit dem Verlust an Personal sinken momentan die Betriebsausgaben. Kurzfristig gesehen entlastet das die Bilanz. Doch aus der Sicht des Wissensmanagement gehen wertvolle Potentiale verloren. Wissen steckt nicht nur in den individuellen Köpfen. Es manifestiert sich in den Beziehungen, die beispielsweise in einer guten, flüssigen und kreativen Zusammenarbeit liegen. Lean-Projekte, die solche Potentiale zerreißen und sie nicht als „Habits" zu nutzen wissen, erzeugen eine kontraproduktive Ziel- und Teamführung. Statt arbeitsökonomisch flexibler und effizienter zu werden, brauchen veränderte Prozesse ohne Habittransfer noch länger, bis sie ein akzeptables Niveau an Effizienz entwickeln.

Der Vertrauensvorschuß, der für eine gedeihliche Zusammenarbeit erforderlich wäre, weicht der dumpfen Angst, „der Nächste einer Entlassungswelle zu sein". Diese Angst ist aber weniger auf den Personalabbau selbst begründet. Sie korreliert vielmehr mit einer unfähigen Projektführung und unreifen Innovationskultur, weil das Vertrauen in ein gutes Ergebnis verlorengeht. Die Mischung aus Ohnmacht und Angst vor noch schlechteren Ergebnissen lähmt eine Organisation. Diese wird unfähig zu lernen, weil in diesem Umfeld nur eine einzige Motivation gedeiht – die zum passiven „Vermeiden von Betroffenheit".

Die Formel von der „lernenden Organisation" wird unter diesen Vorzeichen zur Fabel. Ein Management, das Lean-Projekte anpackt und sich immer tiefer in Strategien des „muddling through" verstrickt oder nur aus eigener Hilflosigkeit zunehmend rigider durchgreift, verfehlt Vision und Innovationscharakter dieser Maßnahmen. Eine derartige Tendenz läßt sich daran beobachten, daß in manchen Betrieben die Hierarchie flacher wird, verbliebene hierarchische Stufen aber um so fester als „Bollwerke" genutzt werden, um sich gegen weitere Bedrohungen von „oben" oder „unten" abzusichern. Die undurchlässigen „Lehmschichten" zwischen den hierarchischen Ebenen fallen letztlich noch dicker und undurchdringlicher aus.

Das Reengineering

Ähnliche Dilemmata sind bei Projekten zum Reengineering zu finden. Indem sie versuchen, alte Arbeitsstrukturen umfassend zu überwinden, stoßen sie einen hohen Innovationsdruck an. Sie werden jedoch oft nach linearen Schemata und technokratischem Projektverständnis in die Unternehmen eingeführt. Dabei wäre die vielseitige Kompetenz zur Innovationskultur gerade für das Gelingen grundlegender Innovationsvorhaben entscheidend wichtig. Denn das Reengineering verfolgt, knapp formuliert, das Ziel, sämtliche Produkt- und Arbeitsschritte an den notwendigen Prozessen entlang zu definieren und zu optimieren. Zwei Kernfragen stehen im Vordergrund: Was ist wirklich erforderlich, um ein Produkt zu generieren und qualitativ hochwertig herzustellen, was kann als unnützer Verwaltungsaufwand oder Arbeitsballast abgestoßen werden? Und wer kann was am besten, sollte also im Rahmen der Arbeitsorganisation welchen Part übernehmen? Nicht die formale Kompetenz, sondern das verfügbare Know-how soll darüber entscheiden, wer im Betrieb an welcher Stelle was tut. Wenngleich das Reengineering nicht so neu ist, wie es häufig verkauft wird, versucht es doch in den meisten Firmen einen radikalen Ansatz, der an die Wurzeln etablierter Organisationsstrukturen gehen soll. Aus der Sicht des innovationorientierten Projektmanagements bringen Reengineering-Projekte einen hohen Innovationsdruck für die gesamte Organisation mit sich. Der Transfer des Reengineering in den unternehmerischen Kontext sollte aus diesem Blickwinkel nicht linear, sondern als Meilenstein-

Projekt konzipiert werden. Daran scheitern in der Praxis viele dieser Modelle. Statt sie top-down in allen Details vorzuplanen und als neue Organisationsform einem Betrieb überzustülpen, wäre es ratsam, wesentliche Arbeitsziele nach Etappen immer wieder neu zu bewerten. Das ist wichtig, um dem Wandel ihrer Bedeutungen gerecht zu werden und sie über verschiedene Projektetappen hinweg zu verknüpfen.

Außerdem sind verschiedene Einflußfaktoren, die den Wandel begleiten, zu hinterfragen: Welche Faktoren unterstützen oder bedrohen als Effektoren das Gelingen radikaler Änderungen, haben Signalwirkung, sind aufgrund ihrer Ambivalenz mit vorsichtigen Maßnahmen zu bewegen oder können eine überhitzte Dynamik abfedern? Solche Überlegungen, die dem Management der visionären Kompetenz entstammen, fehlen häufig bei Reengineering-Projekten.

Darüber hinaus gehen sie oft von monolithischen Zielvorstellungen aus: Ziele oder Arbeitsschritte werden in dem Glauben beschrieben, daß sie für alle Mitarbeiter dasselbe bedeuten. Unterschiedliche Kriterien oder Werte, die von verschiedenen Teams an Ziele und Arbeitsinhalte angelegt werden, werden ignoriert oder weitgehend ausgeklammert. Damit verleugnen Reengineering-Strategien die Potentiale von strategischen Konflikten. Diese sind damit aber nicht einfach beseitigt. Sie wirken auf die Reengineering-Prozesse zurück und bringen diese, wenn sie nicht aufgefangen werden, zum Scheitern.

Viele Reengineering-Prozesse versäumen es, Führungskräfte und Mitarbeiter auf den Umgang mit strategischen Konflikten vorzubereiten. In der Praxis verbirgt sich hinter Reengineering-Strategien oft eine Management-Haltung, die dem Taylorismus verwandt ist. Die Neugestaltung von Fließbandtätigkeiten ließe sich damit erfolgreich optimieren, nicht aber komplexe, teilweise subtile Interaktions- und Entscheidungsgeflechte von sozialen Systemen.

Fehlgeschlagene Reengineering-Prozesse zeichnen sich ferner dadurch aus, daß sie mit einem hohen Niveau an technokratischer

Projektkompetenz starten und dann sehr schnell und immer tiefer in eine „Prozeß-Falle“ geraten, weil sie die unspezifischen Kompetenzen der Innovationskultur nicht zu nutzen und auf die Thematik der von ihnen eingeforderten „Prozeßoptimierung“ zu übertragen wissen.

Strategische Allianzen und Qualitätsmanagement

„Strategische Allianzen“ und „Qualitätsmanagement“ werden in diesem Kapitel unter einem Gliederungspunkt zusammengefaßt, weil sie auf den Ebenen des „Gelingens“ wie des „Scheiterns“ vergleichbare Merkmale aufweisen. Ein Merkmal betrifft die Kompetenz zur vernetzten Kommunikation, ein anderes das Verhältnis von „Qualität“ und „Effizienz“.

Strategische Allianzen beinhalten ein beachtliches Risiko des Scheiterns, obgleich es Anleitungen gibt, diese Schwierigkeiten zu meistern (Bronder und Pritzl, 1992). Durch die Globalisierung der Märkte und der internationalen Kooperationen gewinnen Kompetenzen zur vernetzten Kommunikation an zusätzlichem Gewicht. Dabei geht es nur zum Teil um den unbegrenzten Austausch von Daten. Für die Praxis noch wichtiger ist das Verständnis, welche unterschiedlichen Kontexte zur Gewinnung von Daten beitragen und was sie jeweils vor einem bestimmten Kulturhintergrund bedeuten. Wie in der Statistik kommt es nicht so sehr auf die absolute Zahl an, sondern auf deren Interpretation.

Um das zu leisten, ist es wichtig, die beteiligten Projektpartner in einen intelligenten Dialog einzubinden. Diese Form des Dialogs macht Informationen nicht nur für alle verfügbar. Parallel zum Informationsaustausch entsteht eine Kommunikation darüber, was Informationen für die jeweiligen Partner bedeuten. Und was es in der Konsequenz für die eigene Arbeit bedeutet, daß Informationen für die Partner dieses oder jenes bedeuten. Diese „Metakommunikation“, die man sich wie eine doppelte Feedback-Schleife vorstellen kann, gilt auch umgekehrt: Welche Bedeutung hat eine Information für die Arbeit im eigenen Team. Und wie berührt dies in der Folge die Arbeit der anderen.

Vernetzte Kommunikation hat auf der Ebene der strategischen Allianzen den Auftrag, ein „Verständnis über das Verständnis von Informationen“ zu entwickeln. Wenn diese rückgekoppelten Verständnisprozesse zur Ressource im Umgang mit strategischen Allianzen werden, wird es den beteiligten Teams bald gelingen, die strategischen Konflikte konstruktiv zu nutzen. Darin liegt die Wertschöpfung einer „lernenden strategischen Allianz“. Bleiben die Lernprozesse des intelligenten Dialogs aus, kommt es zunehmend zu Irritationen. Die Leistungen und Interaktionsmuster der Partner werden dann immer mehr aus der Sicht eigener Vor-Urteile und Klischees interpretiert. Sie beziehen sich nicht mehr auf einen übergeordneten Konsens, sondern auf negative Erfahrungen, die auf früherem Unverständnis beruhen. Eine Spirale, die sich aufschaukeln und eine destruktive, zentrifugale Dynamik entwickeln kann. Die Qualität der Zusammenarbeit gerät aus dem Lot und verkommt zu einer babylonischen Informationskultur.

Das gleiche Prinzip entscheidet darüber, ob das Qualitätsmanagement selbst die „Qualität“ entwickelt, die es erlaubt, innovative Prozesse zu unterstützen. Vor allem aus der Sicht eines umfassenden „Total Quality Managements“ müssen unterschiedliche Kontexte, Arbeitsinhalte und Subkulturen eines oder mehrerer Unternehmen aufeinander bezogen werden. Wenn kein intelligenter Dialog zustande kommt, der über den verschiedenen Qualitätsmaßnahmen steht und deren gegenseitige Bedeutung transparent macht, können einzelne Projektschritte wohl abgearbeitet werden. Aber wesentliche Wertschöpfungspotentiale, die oben für lernende Allianzen skizziert wurden und gleichermaßen für Prozesse des Qualitätsmanagements gelten, gehen verloren.

Vom TQM zum interaktiven Qualitätsforum

1. Schritt: Das unternehmerische Qualitätsverständnis im Sinne eines Leitbildes formulieren.

2. Schritt: Leitbilder und „policy" werden von verschiedenen Funktionsbereichen nach deren eigenem Verständ. in spezifische „Aufträge" übersetzt. Zum Beispiel: „Was bedeutet ‚Qualität' für F & E, für die Produktion, den Vertrieb, den Service usw." Diese „Aufträge" werden in Zielsysteme und -vereinbarungen übersetzt und als Projekt- und Prozeßstrategien zur Präsentation vorbereitet.

3. Schritt: In einem TQM-orientierten Forum werden die verschiedenen „Aufträge", so wie sie von den einzelnen Funktionsbereichen definiert werden, präsentiert und erörtert. Die Schritte 1 bis 3 entsprechen dem standardisierten Vorgehen der meisten qualitätsorientierten Prozesse. Ob diese in der unternehmerischen Praxis greifen, hängt jedoch von der *„Qualität des Qualitätsmanagements"* ab, die sich in den nächsten Schritten (4 und 5) abzeichnet.

4. Schritt: Auf dieser Stufe brechen die meisten Qualitätsprozesse ab. Sie wiederholen in Intervallen die Schritte 1 bis 3 oder pendeln zwischen den Stufen 2 und 3, ohne den qualitativen Sprung zum vierten Schritt, dem *interaktiven Qualitätsmanagement* zu vollziehen. Statt dessen werden viele Qualitätsprozesse auf diesem Zwischenniveau formalisiert und in statische Rituale übersetzt, wie etwa ein qualitätsorientiertes Berichtswesen oder turnusmäßige „Storyboard"-Techniken. *Die Besonderheit des vierten Schrittes liegt darin, den „Bedeutungsradius" des jeweils eigenen Tuns zu verstehen und zu erweitern. Das gelingt, wenn die am Qualitätsprozeß Beteiligten die möglichen Wechselwirkungen sowie die Fern- und Nebenwirkungen ihres eigenen Handelns für die anderen Funktionsbereiche abzuschätzen lernen.* Das ist auf dieser Stufe zu leisten: „Was bedeutet es für die jeweils anderen Bereiche, wenn ich meinen Auftrag so (oder anders) verstehe, welche Konsequenzen hätte es für mich, wenn die anderen Bereiche ihren Auftrag so (oder anders) interpretieren würden?" Und: „Was, glaube ich, erwarten die anderen von mir/ was glauben vermutlich die anderen, was ich von ihnen erwarte?"

5. Schritt: *Die verschiedenen Bedeutungsradien und ihre wechselseitigen Konsequenzen werden auf einem interaktiven, dialogischen Qualitätsforum erörtert.* Mit Hilfe von reflexiven Führungsinstrumenten und Teamstrukturen werden latente Erwartungs-, Werte- und Zieldifferenzen offensichtlich und können bereinigt werden. Bei Bedarf werden die Schritte 4 und 5 mehrfach durchlaufen.

Funktionale Schritte des interaktiven Qualitätsforums

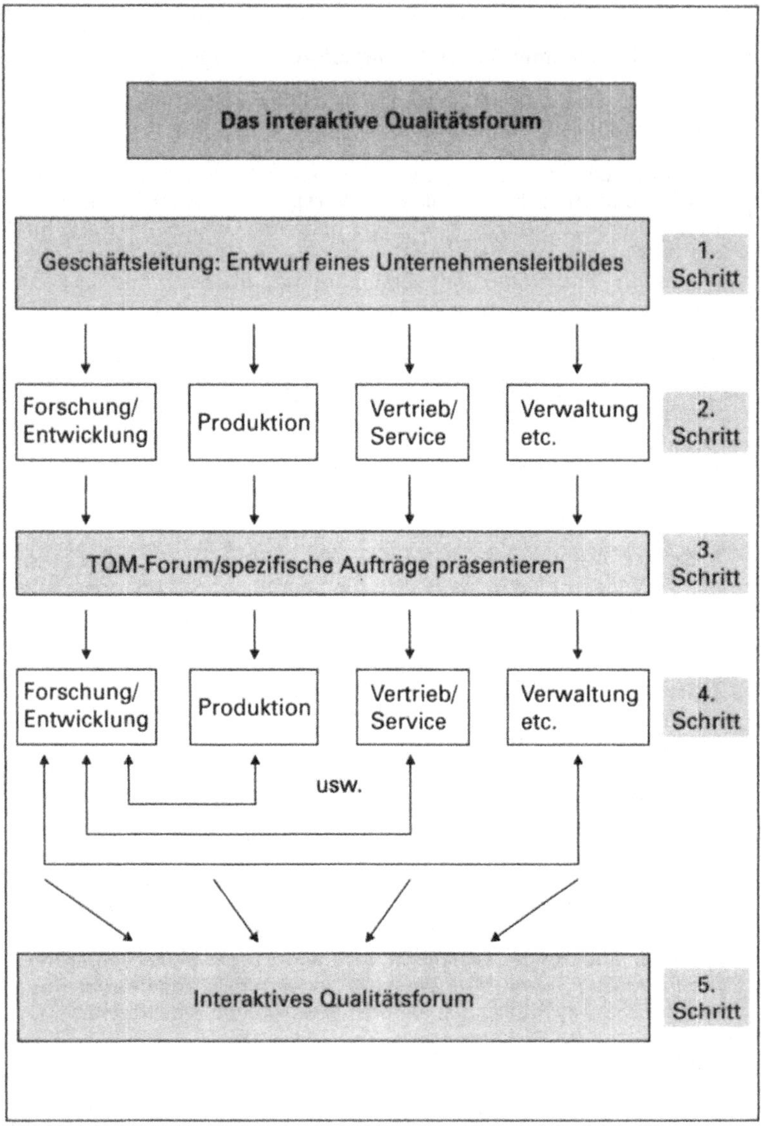

Die Ablaufstruktur des interaktiven Qualitätsforums

Das läßt sich an charakteristischen Symptomen beobachten: Wenn ein Unternehmen das Prinzip des Qualitätsmanagements nicht verstanden hat, offenbart sich das in einem spürbaren Volumen an zusätzlicher Bürokratie. Qualitätsmanagement erzeugt dann genau das, was es überwinden sollte: Eine kaskadenförmige, rigide Qualitätskontrolle, die sich stur an Normen ausrichtet und in exakt vorgeschriebenen Zeitabständen „Kreativität" abverlangt, nur deren Resultate abprüft. Das geschieht nach alten hierarchischen Mustern einer Top-down-Kontrolle, ohne die Kompetenzen einer hierarchieübergreifenden Verantwortung und strategischen Kommunikation einzufordern. In der Praxis sieht das so aus: Der Vorstand beschließt, „Total Quality Management" ins Unternehmen einzuführen. Von oben nach unten werden Ziele vereinbart, die den Prozeß unterstützen sollen. Dann folgt die bürokratische Peitsche: In festgelegten Abständen, zum Beispiel jedes halbe Jahr, haben die Mitarbeiter jeweils nach „oben" zu berichten, welche qualitätsorientierten Ideen sie entwickelt und welche Maßnahmen sie dazu durchgeführt haben. Die Ergebnisse werden nur selten im Sinne eines hierarchieübergreifenden, wechselseitigen Verständnisses kommuniziert, sondern vor einem Gremium der nächst höheren Etage präsentiert. Dort zusammengefaßt, geht es mit den komprimierten und bereinigten Informationen weiter aufwärts. So lange, bis genau das Prinzip wiederhergestellt ist, das ohnehin schon alte Tradition hat: den hierarchischen Rahmen, der vielleicht flacher geworden ist, in seinen vertrauten autoritären Strukturen zu festigen und durch Hofberichterstattung von unten nach oben die jeweiligen eigenen Domänen zu verteidigen und gegen andere abzugrenzen. Eine Katastrophe, wenn es darum geht, in einem Unternehmen neue Synergiepotentiale freizulegen und innovative Führerschaft anzustreben.

Eine Katastrophe deshalb, weil in diesen Unternehmen eine delikate Qualitätskultur entsteht. Kurz vor den vereinbarten Präsentationsterminen entwickeln die Abteilungen hektischen Aktionismus darüber, welche guten Ideen sie in der vorausgegangenen Zeit gehabt haben könnten. Und welche denkbaren „Quality"-

Maßnahmen am ehesten zu dem passen, was sie ohnehin gemacht haben. (Da ist allerdings ein Vorteil, der selbst in diesem Qualitätsansatz steckt: alle sechs Monate setzen die Verantwortlichen sich zusammen und denken darüber nach, was sie gemacht haben und wozu das hätte gut sein können.) Schließlich die Frage, wie man das ganze nach „oben" verkauft.

Nach den Präsentationen eine kurze Phase geduckter Spannung. Genügt die inszenierte Show, bleibt sie folgenlos, oder gibt es ein „Nachspiel"? Dann die Entwarnung. Endlich wieder Zeit für die normale Arbeit. Die allhalbjährliche Dokumentation von guten Ideen verbraucht manche Ressource.

Zwei Aspekte lassen standardisierte Verfahren des Qualitätsmanagements problematisch erscheinen. Unter den Bedingungen starrer Qualitätskontrollen entsteht bei den Beteiligten zunehmend die Wahrnehmung eines „external locus of control" (Rotter, 1971). Gleichzeitig schwindet ihr sogenannter „internal locus of control", also ihr innerer Handlungsimpuls oder ihr Empfinden, aus eigener Initiative heraus Ideen in Maßnahmen übersetzen und diese selbst steuern zu können. Die subjektive Wahrnehmung, daß Qualitätsorientierung stets von außen eingefordert und kontrolliert wird, erweist sich im Lauf der Zeit als Motivationskiller ersten Ranges. Die Lust an der Eigeninitiative weicht dem ängstlichen Taktieren, auf einer vorformulierten Qualitätsnorm mitzuschwimmen. Qualitätsmanagement in dieser Form unterstützt das Prinzip der Herdentreue. Die orientiert sich daran, was die jeweils anderen machen. Alles, was diese „lernende Organisation" dann lernt, ist eine weitere Lektion in Sachen Nachahmungsführerschaft.

Qualität durch umfassendes Effizienzmanagement

Ein solcherart beschränktes Qualitätsverständnis behindert die Effizienz von Unternehmen. Statt sich darauf zu konzentrieren, alle Wertschöpfungsbereiche anzusprechen und die Vielzahl der zugehörigen Effizienzpotentiale auszuschöpfen, igeln sich zahlreiche Manager in ihrem ressortgebundenen, begrenzten Effizienzverständnis ein. Dort versuchen sie – punktuell und isoliert – ein paar Pluspunkte zu machen. Die führen sie dann aller Welt als strategische Erfolge vor.

Was diese Führungskräfte nicht erkennen, ist der Zusammenhang zwischen Qualität und Effizienz. Was ist Effizienz? Kritische Rückfragen in Unternehmen zeigen, daß im Umgang mit der Effizienz ähnliche Fehler gemacht werden wie im Umgang mit Zielen.

Effizienz wird als etwas Einheitliches, Monolithisches gesehen. So sprechen Führungskräfte gern allgemein von „der Effizienz". Die strategische Effizienz eines Unternehmens, die auf eine umfassende Wertschöpfung zielt, kommt aber nicht ressortgebunden zum Tragen. Sie manifestiert sich wiederum in den Wechselwirkungen zwischen Ressorts, Teams oder Aufgaben. Das, was als „Effizienz" zu bezeichnen ist, kann sehr unterschiedliche Inhalte annehmen. Verknüpft man diese, ergeben sich verschiedene „Effizienzen". Diese in ihren Wechselwirkungen zu verstehen und so zu steuern, daß sie sich gegenseitig unterstützen, ist der eigentliche Auftrag an das Qualitätsmanagement.

Ein Beispiel: An (hier beliebig ausgewählten) Begriffen, die den inneren (oder äußeren) Kontext eines Unternehmens beschreiben, lassen sich deren Effizienzbeziehungen prüfen. Schreibt man etwa „Kunde", „Vertrieb", und die Firma als „Institution" auf und zeichnet in Gedanken einige Linien zwischen diesen Begriffen, dann spiegeln diese Linien unterschiedliche Effizienzbeziehungen wider.

Die Beratungseffizienz markiert Beziehungen zwischen Kunden und einem Team im Vertrieb. Die Effizienz von Koordination und Kooperation beschreibt die Beziehung zwischen Vertrieb und Institution. Die Kosten- und Gewinneffizienz resultiert schließlich aus der Beziehung zwischen Kunden und Institution. Das sind nur einige Aspekte von „Effizienz". Diese können weit umfassender variieren. So kann das Verhältnis vom Kunden dem Vertrieb

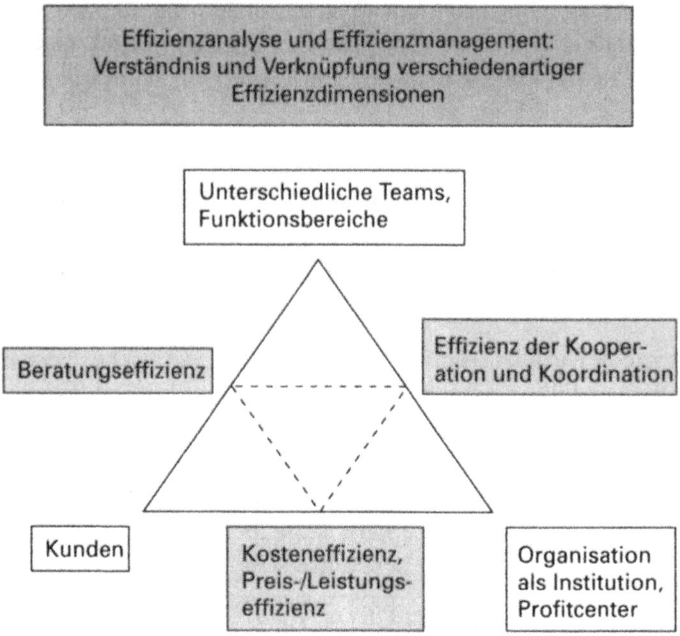

Qualitätsmanagement trägt zur unternehmerischen Wertschöpfung bei, wenn verschiedene Bereiche der Effizienz und Effizienzförderung angesprochen und verknüpft werden.

Nur einzelne Effizienzbereiche auf Kosten anderer zu fördern, führt in der Konsequenz zu Wertschöpfungseinbrüchen. Damit lassen sich nur kurzfristige Erfolge erzielen und darstellen, solange diese in den jeweiligen „Effizienzsparten" gemessen werden.

Stabile, nachhaltige und langfristig wettbewerbsfähige Qualitätsprozesse entstehen dann, wenn unterschiedliche Beziehungsstrukturen und deren Bedeutung für die betriebliche Effizienz erkannt und interaktiv vernetzt/genutzt werden. Die Beziehung eines Teams zu seinen Kunden äußert sich etwa in der Beratungseffizienz, die zur Organisation in der Kooperations- und Koordinationseffizienz. Solche Effizienzbeziehungen zu verknüpfen, zu gestalten und mögliche Widersprüche zu balancieren, erfordert die Entwicklung anderer Führungs- und Teamstrukturen/-kompetenzen, als sie bei den meisten standardisierten Verfahren zum „QM" oder „TQM" gegeben sind. Stichworte dazu lauten u. a.: „reflektierende, zirkuläre und selbstcoachende Teamführung", systematischer Perspektivenwechsel, Methoden der Situations- und Kontextanalyse, multifokales und multisynergetisches Netzwerkmanagement.

Effizienzmanagement

gegenüber ein anderes Effizienzpotential charakterisieren als umgekehrt. Und externe Einflüsse, etwa gesetzliche Regelungen oder öffentliches Image, können solche Effizienzbeziehungen drastisch verändern.

Qualitätsmanagement bedeutet aus dieser Sicht, die verschiedenen Aspekte von Effizienz aufzuspüren, sie nicht isoliert voneinander zu fördern. Dies zu leisten ist wiederum Auftrag einer vernetzten, strategischen Kommunikation. Ein Management, das diese Kompetenzen entwickelt, lernt zugleich, die Beziehungen zwischen Beziehungen zu verstehen. Konkret am obigen Beispiel: In welchem Verhältnis steht Beratungseffizienz zur Koordinationseffizienz? Wie beeinflußt Koordinationseffizienz die Kosteneffizienz? Wie wirkt Kosteneffizienz auf die Beratungseffizienz? Im komplexen Raum eines Unternehmens können viele solcher Fragen entstehen. Die Kunst des Managements besteht darin, aus der Sicht einer Vision oder Innovationsführerschaft die relevanten Effizienzbeziehungen herauszufiltern und sie in ihrem Wechselspiel zu bewerten. Aus dieser Perspektive werden andere Maßnahmen abzuleiten und in einer anderen Dosierung durchzuführen sein, als das aus der begrenzten Sicht vieler isolierter Positionen möglich ist. Ein ähnliches Vorgehen ist nützlich, um Effizienzbeziehungen zwischen den Partnern einer strategischen Allianz und ihrer Mutterorganisationen zu skizzieren.

Faßt man diese Überlegungen zusammen, dann wird deutlich, welchen Risiken sich Unternehmen aussetzen, wenn sie stakkatoartig in kurzen Abständen einen Reorganisationsprozeß nach dem anderen einführen. Der „GAU“ moderner Unternehmensführung liegt darin, daß aus den wenigen, aber verhärteten hierarchischen Schichten eines falsch geführten Lean-Managements ausgedünnte Wissenspotentiale resultieren, ergänzt von einem kostenintensiven aber innovationshemmenden Reengineering, eingebettet in verständnislose und wertschöpfungsarme strategische Allianzen, denen ein genormtes und rigides Qualitätsverständnis den letzten Rest an Motivation und Eigeninitiative raubt. Welche Lernprozesse beugen dem vor?

5 Rapid learning

Ein Faultier entgeht den wachsamen Blicken seiner Freßfeinde, indem es so langsam klettert, daß selbst ein scharfsichtiger Adler Mühe hat, dessen Bewegung zu bemerken. Sein Mitbewohner auf dem Baum, ein Beuteltier, rast hingegen so schnell Stamm und Äste hoch, daß kaum ein Feind es bei diesem Tempo orten kann. Organisationen kennen wie die Natur unterschiedliche Strategien, um „Geschwindigkeit“ als Überlebens- und Sicherungsstrategie im Wettbewerb miteinander einzusetzen.

Manche Unternehmen hängen lange an Bewährtem, andere versuchen schon aus Prinzip, alle Prozesse scharf zu beschleunigen. In jüngerer Zeit gibt es immer mehr Firmen, die ihre Bewegungsart zwischen solchen Extremen mutieren möchten. Nachdem sie sich in ihrer Eigenentwicklung jahrzehntelang kaum bewegt haben, legen sie auf einen Schlag ein atemberaubendes Tempo vor. Oft genug starten sie dabei ohne Rücksicht auf das ihnen eigene „aerodynamische Profil“: Wie Büffel, die von der Eleganz einer Antilope träumen, brechen sie los. Im Pulk wähnen sie sich dabei sicher, rennen wild entschlossen, oder blind mitten in der Herde, gegen alle inneren und äußeren Widerstände an. Sie hoffen auf die Qualität späterer Resultate, instinktiv einem Leittier, einem Entrepreneur folgend. Andere Unternehmen bevorzugen lieber die Taktik der Mimikry, scheinen sich in allen Tempi zugleich zu bewegen. Sie verleihen sich ein flottes Outfit, um von allen bewundert am liebsten doch auf der Stelle zu verharren. Welche Beschleunigungsart verspricht nun den meisten Erfolg?

Um die richtige Geschwindigkeit von Lern- und Veränderungsprozessen in Organisationen ist in jüngerer Zeit ein Disput entstanden. Nachdem über Jahre hinweg der scharf beschleunigte Wandel als Optimum der betrieblichen Entwicklung gepriesen wurde, mehren sich mittlerweile Stimmen, die im Prinzip einer wohl dosierten Langsamkeit, einem allmählichen Wandel einen Vorzug sehen. Die Positionen des Disputs lassen sich in Kürze skizzieren: Dem einen gilt Schnelligkeit des Wandels als nutzloser Aktionismus. Dem anderen ist hohes Tempo ein Kriterium dafür, im harten Wettbewerb die Nase vorn zu haben. Und während letzterer Langsamkeit mit Trägheit assoziiert, signalisiert sie dem ersten Souveränität, insbesondere gegenüber der Versuchung, allzu schnell und ohne kritisches Unterscheidungsvermögen kurzlebigen, wenig erfolglosen Strömungen nachzugeben.

Die Balance von Tradition und Veränderung

Auf welche Weise erreicht eine Organisation eine konstruktive Dynamik des Wandels? Welche Indizien weisen darauf hin? Die „präventive Balance“ von Tradition und Veränderung ist ein Merkmal dafür. Diese Balance in den Unternehmen zu verankern und die Kompetenzen dafür zu entwickeln, ist eine zentrale Herausforderung an betriebliche Trainingsprozesse. Über diesen Punkt wird noch im Kapitel über Trainings die Rede sein. Daneben gewinnt ein Aspekt an Bedeutung, der Unternehmen ein hohes Maß an dialogischer Verantwortung abverlangt: das Verhältnis von Lernen, Verlernen und Metalernen.

Anders als bei den Überlebensstrategien von Faul- und Beuteltier ist es in Organisationen nicht das „Entweder-Oder“, sondern das „Sowohl-Als-auch“, das Gleichgewicht von rasanten Prozessen des Reorganisierens und langsam wirkender, besonnener Behutsamkeit, das zu optimalen Resultaten führt. Die Kunst liegt im Management des optimalen, nicht des maximalen Tempos. Darin liegt ein wesentlicher qualitativer Unterschied. Wer maximal viel ißt und trinkt, wird sich vom optimalen Wohlbefinden wieder entfernen. Für das Management der optimalen Innovationsbeschleunigung spielen Prozesse des Lernens, die Verlernen und Metalernen einschließen, eine wesentliche Rolle. Das erfordert, unterschiedliche Lernprozesse zu gestalten und gezielt aufeinander abzustimmen.

In kritischen Situationen kann rigorose Rasanz vonnöten sein. Lernprozesse müssen dann schnell, mit Nachdruck im unternehmerischen Kontext eingebunden werden. Zaudern wäre von Nachteil. Andererseits geht es darum, Lernprozesse „reifen" zu lassen, sie nicht aus Selbstzweck blindlings zu pushen. Lernprozesse „reifen" zu lassen heißt, bei allem Tempo auch deren Wirkung „engagiert abwarten" zu können. Also bewußt und kontrolliert Raum zu geben, bis sich notwendiges Lernen verdichtet und in praxisnaher Handlungskompetenz niederschlägt. Es reicht nicht, einer kritischen Situation neue Lerninhalte nur programmatisch überzustülpen oder in Schüben durch immer andere zu ersetzen. Wie wichtig es sein kann, „engagiert abzuwarten", entstammt der Begriffswelt, die dem Disput eines Internisten (Kremer, 1985) mit einem operationswütigen Chirurgen entnommen ist. Besorgt um das Wohl seines Patienten, widerspricht er dem Chirurgen energisch. In seinen Augen greift dieser zu schnell zum Skalpell, schneidet zu tief, kümmert sich nicht um die von ihm verursachten Wunden, klärt zu wenig über das Risiko fataler Folgen auf. Dem Internisten geht es darum, die Therapie zeitlich so einzustellen und zu dosieren, daß sie einen hohen Wirkungsgrad mit möglichst geringen Nebenwirkungen und wenigen Wunden verbindet. Das heißt aus seiner Sicht, stets alle Konsequenzen aufmerksam zu beobachten und dann beherzt, zugleich behutsam vorzugehen. Dies scheint ihm verantwortungsvoller zu sein als technokratisch rigoros zu operieren. Auf solch überlegte Weise vorzugehen, um Spät- und Nebenwirkungen eigenen Handelns systemisch abzuwägen und korrigierend ins Kalkül zu ziehen, wurde in der Medizin, auch in Operationssälen, längst auf hohem Niveau gebräuchlich.

Vergleicht man diese Denkhaltung mit der Lernkultur mancher Unternehmen, dann ist deren Art, betriebliche Heilungsprozesse „einzufädeln", weniger smart. Sie entfernen, wie im Mittelalter, problematische Geschwüre mit den Methoden und der brachialen Haltung eines Barbiers. Statt die intakten Organe eines Betriebs zu schonen, achten sie nur aufs Problem und arbeiten, im übertragenen Sinn, mit Zange, Säge, Beil. Wie es einem solchen Unternehmen danach ergeht? Kaum jemand fragt. Aber jedem wird das entfernte, im Schauglas eingelegte Gewebe als Zeichen einer gelungenen Maßnahme präsentiert. Dessen Label heißt nicht selten „Reorganisation".

Reorganisation zwischen Entlernen und Metalernen

Reorganisationsprozesse schaden einem Unternehmen manchmal mehr, als sie nutzen. Beim Reengineering, um ein Beispiel zu nennen, wird gar davon gesprochen, daß in vier von fünf Fällen die Resultate unbefriedigend, die Reorganisationskosten aber immens sind. Auch der Erfolg strategischer Allianzen wird häufig in Frage gestellt (Houlder, 1995). In zahlreichen Veröffentlichungen werden derartige Entwicklungen eingestanden und bedauert. Schnell werden Reorganisationsprozesse dann pauschal als untauglich abgetan. Statt dessen wäre es sinnvoller, sich mit den Ursachen dieses Scheiterns differenziert zu befassen.

Reorganisationen basieren in der Regel darauf, „Neues" zu lernen, um Prozesse des Wandels vorzubereiten. Die Vertreter fast aller Reorganisationsrichtungen geben vor, wie hemmend altes und wie notwendig neues Wissen sei. Gern betonen sie dann, wie sehr gerade ihre Philosophie letzteres verkörpere. Davon beeindruckt, denken Führungsverantwortliche nur selten über die andere Seite der Medaille nach: Was mag durch eine Reorganisation verlernt werden, und ist das im einzelnen wünschenswert oder doch als

Verlust für das Unternehmen einzustufen? Diese Frage läßt keine verallgemeinerbare Antwort zu. Aber sie ist für jedes einzelne Unternehmen wichtig, um die ideale Beschleunigung zu ermitteln, die Lernprozesse unterstützt und die geringsten Verluste an bewährten Kompetenzen nach sich zieht.

Lernen führt paradoxerweise zu guten Ergebnissen, wenn es sich nicht nur unter hohem Tempodruck aufbaut, sondern sich in der Anwendung gelassen, mit einer gewissen Langsamkeit vollziehen kann, die genug Zeit für persönliche Erfahrungen läßt. Diese Zwischenphase ist wichtig, um neu erlernte Handlungskompetenzen mit dem „früheren", persönlichen oder betrieblichen Erfahrungswissen zu verbinden. Neue Lerninhalte können alte nicht einfach ersetzen. Wichtig für die Betroffenen ist die Gelegenheit, selbst zu erkennen, daß in veränderten Situationen die neu erworbenen Lerninhalte brauchbarer sind als bisher vertraute Muster. Das erfordert Raum zu eigenverantwortlichem Experimentieren, zur kritischen und engagierten Auseinandersetzung mit dem neuen Angebot. Damit Reorganisationsprozesse gelingen, ist es wichtig, daß Führungskräfte wie Mitarbeiter mit neuen Anforderungen „vertraut", im Umgang mit ihnen sicher werden. Wo dies nicht der Fall ist, entsteht das subjektive Empfinden von Überlastung, Unsicherheit, Widerstand, mit allen Folgerisiken.

Widerstand – Symptom inkompetenten Reorganisierens

Widerstand, Unlust oder innere Kündigung sind Hemmnisse, die jegliche Art von Reorganisation zum Scheitern bringen können. Diese Hemmnisse sind jedoch nicht nur auf unbewegliche Mitarbeiter zurückzuführen, sondern vielfach Symptome von „Kunstfehlern", salopper ausgedrückt von Pfusch beim Reorganisieren. Denn allzuoft sind diese Barrieren „iatrogen", durch die Verantwortlichen selbst ausgelöst.

Reorganisieren ist eine hohe Kunst. Manche Manager scheinen dies zu verkennen. Statt dessen neigen sie dazu, wenn eine unsanfte Realität ihre Traumperspektiven nicht bestätigt, in noch simplere Denkmuster als zuvor zu flüchten. Denkmuster, die dem Kontext und der Komplexität der notwendigen Prozesse nicht gerecht werden. Sie verschlagworten einige Ziele, die gut klingen, und trimmen diese in Papierform auf Hochglanz. Die notwendigen Prozesse des Lernens bleiben unverstanden, oder sie sie werden außer acht gelassen.

Unschöne Wirkungen wie Kostenexplosion statt -reduktion und frustrierte Mitarbeiter bleiben nicht aus. Um die modische Spielart des „Reframings", also des Umdeutens von Sachverhalten nicht verlegen, greifen die Reorganisierer dann gern in die Trickkiste von überholten, tiefenpsychologisch anmutenden Interpretationsmustern: Wenn dem Klienten etwas widerstrebt, ist er daran stets selber „schuld". Alle unerwünschten Nebeneffekte werden in diese Richtung umgedeutet. Niemals wird für die Misere des Klienten die inkompetente Beziehung zwischen „Arzt und Patient", Berater und Unternehmen, Führungskraft und Mitarbeiter, Trainer und Team verantwortlich gemacht. Mitunter trägt jedoch ein „Therapeut" seinen Teil zur Misere bei, etwa, weil er selbst keine rechte Lust hat, sich mit einer Problematik zu befassen, oder das komplexe Geschehen zu wenig begreift oder vom Anspruch des Klienten schlicht überfordert ist. Der unsaubere Kniff des Therapeuten, sich aus dieser selbst gelegten Schlinge zu befreien, liegt darin, die Methode des „Reframings", des Umdeutens zu seiner eigenen Entlastung zu mißbrauchen. Statt seinen perspektivischen Horizont zu erweitern und sein eigenes Können daran kritisch zu messen, werden durch mißbräuchliches „Reframing" die mentalen Grenzen auf einfache Schuldzuweisungen verengt. Ähnliches geht in Organisationen vonstatten: Es ist plausibel, daß ein Klient enttäuscht und sauer reagiert, wenn ihm ein vermeintlicher Profi erst viel verspricht, dieses am Ende aber nicht einzulösen vermag. Wenn in den Köpfen mancher Reorganisierer die Einsicht fehlt, auf welche Weise sie selbst die Misere stabilisieren, schalten sie in solchen Situationen auf ein simplifizierendes „Reframing" zurück. Das erlaubt ihnen, den selbstgerecht hohen Sockel nicht verlassen zu müssen, auf dem sie sich wähnen. Wenn ausgerechnet durch den Prozeß eine Organisation wegsackt, den sie mit guten Ideen, aber unzulänglichem Lernen und rigiden Vorgehensweisen anregt, verschlimmert sich das Dilemma für alle Beteiligten. Dies passiert um so leichter, wenn sich zu unbrauchbaren Handlungsschemata eine ignorante Eigenwahrnehmung gesellt. Andererseits liegen eben diese eng beisammen. Statt Schwächen offenzulegen, die in Beziehungsmustern zwischen unterschiedlichen Beteiligten liegen und die Verantwortlichen miteinschließen, und sie aus einer übergeordneten „Hubschrauberperspektive" verstehen zu lernen, werden diese Schwächen „von sich gewiesen", den jeweils anderen zugeschoben.

Widerstand grundsätzlich als Indiz für verkrustete Strukturen zu interpretieren, entlastet von der persönlichen Mitverantwortung. Viel schwieriger ist es einzusehen, daß Widerstand aus dem Betrieb oft das Ergebnis einer untauglichen Dynamik des Wandels ist und damit auf die eigene Inkompetenz im Beratungs- oder Führungsverhalten zurückfällt. Dieses Unvermögen liegt darin, die Prozesse des Wandels dosiert und für ein Unternehmen verträglich gestalten zu können. Fehleinschätzung veranlaßt manche Reorganisierer, sich mit noch mehr Druck und Tempo auf ihre „alte" Weise durchzusetzen. Man kann beobachten, daß sie dann oft eine Strategie der akzentuierten Vorausvermeidung forcieren: Um zu verhindern, daß ihre Schwächen und unzureichenden eigenen Kompetenzen sichtbar und anhand der fatalen Folgen bewertet werden, schieben diese Akteure sofort neue Aktionen nach, die die alten überlagern. Scheinprozesse überspielen die Konsequenzen der vorausgegangenen, zugleich entsteht durch Aktionismus die Illusion hoher Lerngeschwindigkeit. Die gilt manchen Beteiligten als Garant für schnellen Wandel. Sie nützt aber nicht viel, weil die Betroffenen das Gelernte nicht im eigenen Kontext erleben und praxisnah differenzieren können. Vielmehr führt dieses Verhalten, wenn auch ungewollt, zu einem permanenten Training des Entlernens, in dem alles Neue nach kurzem überschwemmt und konstant unbrauchbar wird. Fähigkeiten für innovatives Handeln werden auf diese Weise nicht gefördert. Vielmehr entsteht eine gewisse „Kompetenz“ darin, die eigene Inkompetenz vor offenkundigen Folgen abzuschirmen.

Falsches Lernen pervertiert die „lernende Organisation“

Derartige Prozesse erzwingen eine pervertierte Form der „lernenden Organisation“ und verändern deren Sinn: Statt daß eine Organisation lernt, die Zukunft wie den verschärften Wettbewerb intelligent und innovativ zu meistern, entwickelt sie immer ausgefeiltere Strategien, um ihr inneres Phlegma, unsinnige Turbulenzen und chaotische Störungen auszuhalten. Und sie lernt, den erwünschten Veränderungen stets „innovativere“ Formen des Widerstands entgegenzusetzen.

Wenn Mitarbeitern neue Lernprozesse übergestülpt und unreflektiert zur Pflicht erklärt werden, verkümmert ihre Fähigkeit, souveräne Perspektiven über deren eigentlichen Wert zu entwickeln. Statt Wertschöpfungspotentiale zu erkennen und für die eigene Praxis zu nutzen, verlieren sie das Vermögen, aus einer übergeordneten Perspektive verschiedenartige, für unterschiedliche Situationen optimierte Lösungen abzuleiten. Eher besteht die Gefahr, daß sie „neue“ Strategien nur undurchdacht nach Schema anwenden. Durch falsch geführte Lernprozesse verlieren Reorganisationsstrategien ihren besonderen Nutzen vor Ort und verkommen zur hohlen, bisweilen rigiden Ideologie. Eine negative Spirale, die innovative Kapazitäten eines Unternehmens nachhaltig untergräbt.

Erfahrungswissen qualifiziert Lernprozesse

Ein guter Schütze orientiert sich nicht an der Anzahl seiner bisherigen Treffer. Er wird versuchen, seine Fähigkeiten zur dosierten Anspannung, zur maximalen Konzentration im entscheidenden Moment und zur kurzfristigen Entspannung zwischen einzelnen Match-Etappen zu optimieren. Seine innere Haltung ist für ein gutes Ergebnis entscheidender als vorausgehende Trefferquoten. Sich dosiert anzuspannen, sicher bewegen und gedanklich konzentrieren zu können ist ein Resultat des Meta-Lernens, das die eigentliche Wettkampfstärke des Schützen ausmacht (Wirnhier, 1995). *Meta-Lernen ist ein übergeordneter Lernprozeß, der sich durch die Erfahrungen in verschiedenen Situationen aufbaut, dann aber als situationsunabhängige Ressource immer wichtiger wird:* Wer zum Beispiel gelernt hat, sich gut zu konzentrieren, kann mit Hilfe dieser Fähigkeit spätere Wettkämpfe meistern. Er wird aber auch mit anderen Situationen, in denen die Fähigkeit zur Konzentration von Vorteil ist, besser umgehen können.

Das Verhältnis von Lernen und Metalernen entsteht auf vielfältige Weise. Wer zum Beispiel lernt, mit unterschiedlichen Krisensituationen umzugehen, wird Zutrauen und Kompetenzen entwickeln, auch mit weiteren, noch unbekannten Situationen fertig zu werden. Durch Lernprozesse im Umgang mit einzelnen Krisen wird das „Meta-Lernen Krisenfestigkeit“ stabilisiert. Ähnliches gilt für das Problemlöseverhalten: verschiedenartige Probleme zu analysieren führt über einzelne Situationen hinaus zu vertieftem analytischem Verständnis. Krisenfestigkeit oder analytisches Urteilsvermögen sind betrieblich relevante Beispiele für Prozesse des „Meta-Lernens“. Das kann sich auf unterschiedlichste Entwicklungen beziehen. Parallel zur Bewältigung konkreter Situationen, verdichtet es sich zu einer situationsunabhängigen, vielseitig verfügbaren Kompetenz. Darin liegt ein wesentlicher Baustein für professionelles, flexibel einsetzbares Können.

Der Schütze wird durch seine Kompetenzen des „Meta-Lernens“ unabhängig von gewohnten äußeren Bedingungen, etwa dem

Gelände. Und wenn im Betrieb Innovationen ein problemgerechtes, aber flexibles Repertoire an Kompetenzen erfordern, sind für deren Gelingen die Prozesse des Meta-Lernens wichtig. Der Gewinn, der in solchen Prozessen liegt, entspricht dem „value added", dem „Mehrwert" des Lernverhaltens.

Reorganisationsprozesse beachten diese Dynamik des Lernens oftmals nicht. Dann wächst das Risiko, daß zwar einzelne Situationen per Schema bewältigt werden, daß zugleich aber deren umfassende Wertschöpfung nachläßt, weil das „organisationale Lernen" mit seinen langfristigen, flexiblen Ressourcen in einer zu schnellen oder unreifen Dynamik verkümmert.

Differenziertes Lernen im persönlichen Kontext

Keine Kompetenz, und sei sie im besten Trainerstall gezüchtet, vermag jegliche Problemlage oder Situation zu beherrschen. Lernkurven zeigen jedoch, daß Menschen gerade dies gerne erwarten – die bekannte „Orientierung am Rezept". Sie neigen dazu, neu erworbenes Wissen zunächst unangemessen oft, in allen möglichen Situationen auszuprobieren. Dann stellen sie fest, daß ihr Verhalten – auch das frisch gelernte – nicht beliebig zu jeder Gelegenheit paßt. Zu erfahren, daß auch neue Fertigkeiten ihre Grenzen haben, führt erst zur Ernüchterung – und dann, durch differenzierte Anwendung, zu vertiefter Kompetenz. Durch die eigene Beobachtung wie durch soziales Feedback werden frisch erworbene Handlungsalternativen mit dem persönlichen Umfeld verknüpft. Erst diese Verbindung bereichert das praktisch verfügbare Handlungsreservoir von Führungskräften und Mitarbeitern, um mit Problemen und unbekannten Situationen adäquat umzugehen. Manchmal können gut gemachte Simulationen diesen Prozeß unterstützen, aber nicht ersetzen.

Im Erfahrungslernen liegt eine entscheidende Ressource für das Gelingen von Reorganisationsprozessen. Das gilt vor allem für den Aufbau konstruktiver „lernender Organisationen". Wenn sich

Lernerfahrungen, die „vor Ort“ gemacht werden, mit den abstrakteren Prozessen des Meta-Lernens verbinden, entwickelt sich ein enormes, leistungsfähiges Potential, um veränderten Situationen flexibel, problemgerecht und handlungsorientiert begegnen zu können. Das setzt aber voraus, alte Lerninhalte nicht abzutun und durch neue „ersetzen“ zu wollen, sondern diese zu parallelisieren, also zu verzahnen und dem jeweiligen Kontext gemäß zu fördern. Das Handlungsrepertoire wird auf diese Weise bereichert, nicht ausgetauscht. Denn was heute als „unbrauchbar“ gelten mag, kann morgen, wenn eine aktuelle Reorganisationswelle selbst zum Ladenhüter geworden ist, wieder wertvolle Ressource sein.

Das Wissen, das in der eigenen Erfahrung verankert ist, für neue Herausforderungen zu erschließen, als „Rohmaterial“ zu entdekken und zu nutzen, beschleunigt den Gesamtprozeß des Lernens. Wem es gelingt, seine früher erlernte Handlungskompetenz als Reservoir zu erhalten, sie in einem veränderten Umfeld neu zu bewerten und zu integrieren, wird neue Lerninhalte schneller stabilisieren, als wenn er sein Erfahrungswissen verlernt oder ignoriert. Das hat Konsequenzen, um die eigene Lernsituation effektiv zu gestalten: Wenn ein Unternehmen innovative Lerninhalte zunächst in einem vertrauten Arbeitskontext eingeführt, erleichtert das danach den Transfer auf neue Situationen. Warum ist dieses Nebeneinander von Lernprozessen, das zunächst unökonomisch wirkt, am Ende buchstäblich billiger als ein radikaler Neustart? Dafür sind zwei Gründe verantwortlich: der Transfer von „Habits“ und der Aufbau impliziten Handlungswissens.

Der Transfer von „Habits“

Bewährtes Können mit neuen Lerninhalten zu konfrontieren, führt zu einer parallelen Lernsituation. In ihr können brauchbare „Rohlinge“ des bisherigen Verhaltens ausgewählt und an die neue Situation angepaßt werden. Diese sogenannten „Habits“ mit neuen Lerninhalten zu verbinden führt zu einem „Rapid learning“:

Lernerfolge lassen sich am schnellsten erzielen und(!) stabilisieren, wenn sie sich am Handlungswissen (nicht am Verbalwissen) orientieren und dabei tradierte wie neu zu erwerbende Kompetenzen integrieren. Ein klassisches, berühmt gewordenes Beispiel soll daran erinnern: Personen, die viele Jahre am Band gearbeitet hatten und plötzlich auf Teamarbeit umstellen sollten, zeigten anfangs große Schwierigkeiten. Die Fähigkeit, sich eigenverantwortlich zu organisieren hatten sie in der alten Fabrik längst verlernt. Das Band einfach abzuschaffen, statt dessen im Team zu arbeiten, klappte nicht. Um die Produktion zu retten, war es nötig, das Band mit seinen alten Arbeitsstrukturen nochmals einzuführen, aber parallel dazu die Fähigkeiten zur Teamentwicklung und Selbstorganisation zu fördern (Detzer, 1990). Danach konnte das Band erneut entfernt werden. Die Teamarbeit funktionierte jetzt, bei guten Arbeitsergebnissen.

Was war passiert? Neues Handlungswissen zu erwerben und sich zugleich in einer neuen Situation zurechtfinden zu müssen, hatte die Betroffenen überfordert. Die Situation entspannte sich, als es ihnen möglich wurde, innovatives Handlungswissen in ihrem vertrauten Umfeld zu erwerben. Ein bekannter Kontext erlaubt, neue Lerninhalte zu „entdecken", auszutesten und mit persönlicher, praxisnaher „Cleverness" anzureichern. Er ermöglicht auch, sich mit anderen auszutauschen und die organisatorischen wie sozialen Wechselwirkungen neuer Lernsysteme spielerisch auszukundschaften. Wenn die neuen Systeme nicht funktionieren, zu grob ausgelegt sind, kann die bewährte Erfahrung noch eine Weile die Sicherheit einer „doppelten Naht" bieten. Dann, wenn neue Lerninhalte vertraut und zum persönlichen Erfahrungsschatz geworden sind, können die Betroffenen damit gänzlich neue Situationen gestalten und bewältigen.

Reorganisationsmodelle ergänzen sich

Serielles Lernen mit dem Ziel, Altgelerntes abzubauen und an dessen Stelle neu zu Lernendes aufzubauen, ist nur scheinbar schneller: Die neuen Lerninhalte können vielleicht flüssiger artikuliert werden, weil sie nicht an verfügbare Habits anknüpfen und nicht mit früheren Erfahrungen abgestimmt werden müssen. Es mag so leichter sein, die Sprache einer neuen Reorganisationswelle zu kopieren, wenigstens solange sie losgelöst von ihrer Praxistauglichkeit und Bedeutung für den jeweiligen Kontext betrachtet wird. Unter dem Blickwinkel des Meta-Lernens wird aber jegliche Reorganisationsform zu einem Instrument unter vielen, das in konkreten Situationen seine besondere Tauglichkeit immer wieder zu beweisen hat. Reorganisationsmodelle können das vorhandene Repertoire organisationalen Handelns bereichern, methodisch flexibler gestalten und optimieren, aber nicht zwingend und unreflektiert ersetzen. In der Welt der Information spricht man von „komplementären Medien“: eine Zeitung kann das Fernsehen ergänzen, aber nicht ersetzen, und umgekehrt. In ähnlicher Weise stehen sich – aus einer übergeordneten Perspektive – Reorganisationsmodelle komplementär gegenüber. Aus der „Hubschrauberperspektive“ betrachtet, kann man erwarten, daß sie je nach Situation, Auftrag, Unternehmenskultur oder betrieblicher Sozialisation gewisse Leistungen besser als andere unterstützen. Wenn Lernprozesse ausbalanciert und nicht gegenseitig gekappt werden, entsteht im Umgang mit verschiedenen Phasen des Reorganisierens wiederum eine Art von Meta-Kompetenz. Diese erlaubt es, unterschiedliche Spielarten des Reorganisierens souverän und wahlweise je nach Auftrag, Bedarf oder unternehmerischer Entwicklungsphase einzusetzen. Prozesse des Metalernens helfen einem Unternehmen, vom „One-way-Reorganisieren“ wegzukommen und durch immer neue Einbahnstraßen jagen zu müssen. Präventiv bewahren diese Prozesse ein Unternehmen davor, allzu viele Ressourcen in Maßnahmen zu investieren, die sich am Ende als Wegwerf-Kompetenz erweisen und zu wenig nütze sind.

Wertschöpfung durch implizites Handlungswissen

Strategien, ein Unternehmen zu reorganisieren, ist noch aus einem weiteren Grund ein riskantes Unterfangen. Denn die Planung von Reorganisationsstrategien erweist sich als brauchbare Vorgabe meist zu grob, um im Verhältnis zur konkreten Arbeit vor Ort gleich gut zu funktionieren. Die Besonderheiten und Tücken, die im Umgang mit Maschinen, Aufträgen, Kunden oder Mitarbeitern entstehen, erfordern variable, eigenständige Lösungskompetenzen.

Verschiedene Situationen erfordern unterschiedliche Intelligenzniveaus, etwa die technische Intelligenz in der Produktion, die methodische Intelligenz in einzelnen Abschnitten des Prozeß- und Projektmanagements und die soziale Intelligenz im Umgang mit schwierigen, doch wichtigen Kunden oder Kollegen.

Formale Schulungen richten da wenig aus, noch weniger die Versuche, mit Hilfe eines formalen Wandels von Strukturen und Funktionen solche Probleme in den Griff zu bekommen. Einzelne Unternehmen haben dies erkannt. Sie versuchen, Arbeitsprozesse „von innen" zu erfinden (Leonard-Barton, 1994) statt von außen zu determinieren. Das Ziel ist, die praktische Intelligenz aller Beteiligten sichtbar zu machen und für das gesamte Unternehmen nützlich zu gestalten. Die praktische Intelligenz beruht zum einen auf dem sogenannten expliziten Handlungswissen. Dazu gehören Kenntnisse, die eigene Kompetenzen und die der anderen Mitarbeiter formal umfassen: alle arbeitsbezogenen Handlungsabläufe, Informations- und Kommunikationswege, Aufgabenfelder, Leitungs-, Koordinations- und Kooperationssysteme. Damit eine Organisation funktioniert, bedarf es neben solcher expliziten noch einer Reihe von impliziten Kenntnissen. Diese prägen den eigentlichen „Stallgeruch", und der beeinflußt auch die Kultur des Wandels. Wer den nicht kennt, wird in einem Betrieb sich nicht lange wohlfühlen, oder ahnungslos über diverse „Fettnäpfchen" stolpern. Implizites Handlungswissen ist jedoch mehr als nur eine Art zu überleben. Es trägt wesentlich zum Funktionieren eines Unternehmens bei. Denn die Effizienz einer Organisation, sei sie hoch oder niedrig, entsteht im Spannungsfeld von explizitem und implizitem Wissen:

Folgende Fragen können dieses Spannungsfeld erhellen:

- Wer ist formal für eine Aufgabe verantwortlich, wer kümmert sich tatsächlich darum?
- Wer steht hierarchisch im Organigramm, wer übt hingegen bei Entscheidungen konkreten Einfluß aus?
- Wessen Vorschläge sollten beachtet werden, wer wird in der Praxis respektiert?
- Wer müßte laut Plan kooperieren, wer engagiert sich mit wem de facto für eine Sache?
- Wer sollte von bestimmten Vorgängen etwas wissen, wer hat wirklich eine Ahnung?
- Welche Führungsebene sollte über bestimmte Vorgänge gut informiert sein, welche informellen Netzwerke sind es wirklich?
- Welche Regeln im Geschäftsgebaren oder Umgang miteinander werden offiziell verlautbart, welche entsprechen den täglichen Gepflogenheiten?

Informelle Kulturen geben dem Betrieb seine Färbung

Formale Aspekte von Organigrammen, Strukturen und Funktionen stellen nur einen Teil der betrieblichen Realität dar. Neben ihnen existieren die informellen Organisationsstrukturen und -funktionen, die das knöcherne Gerüst einer formalen Unternehmensarchitektur erst zum Leben bringen. Die informelle Kultur eines Unternehmens fällt um so stärker ins Gewicht, je weniger es um hochstandardisierte Arbeitsabläufe geht, sondern darum, gemeinsame Initiativen weiterzubringen oder Eigeninitiativen entfalten zu können. Die betriebliche Realität erwächst aus Netzwerken von formalen wie informellen Faktoren, die sich auf Strukturen, dynamische Entwicklungen und akzeptierte Kompetenzen erstrecken. Diese Mischung verleiht jedem Unternehmen seine besondere Färbung. Würde man die formalen Strukturen und Funktionsweisen von identisch aufgebauten Unternehmen beispielsweise mit Rot markieren, so gäbe es doch kaum rote Unternehmen. Denn Rot mit Blau gemischt wird zu Violett, mit Gelb zu Orange, mit Grün zu einem gräulichen Braun. Organisationen, die sich in Größe, Struktur, Aufgabenprofil oder Qualifikationen gleichen, unterscheiden sich beträchtlich in ihren qualitativen Merkmalen. Noch stärker sind solche Unterschiede ausgeprägt, wenn sowohl formale als auch informelle Charakteristika variieren. Diese zu verstehen, ihre Besonderheiten zu erkennen und gezielt zu nutzen ist der Wert des impliziten Handlungswissens. Was hat das mit konstruktiven Prozessen des Lernens zu tun?

Wissensmanagement soll Scherben sammeln

In einem Aufsatz zum Thema „Wissensmanagement“ schreibt Schüppel (1995): „Nach der Welle der ‚Dezentralisierung‘ und des ‚Lean Management‘ hat die Blickrichtung der Prozeßhaftigkeit vor allem unter den Modewörtern ‚Business Process Reengineering‘ und ‚Lernende Organisation‘ einen erneuten Aufschwung genommmen. Der letzte Schrei in dieser Folge aktueller Management-Theorien aber ist *Knowledge Management* oder zu deutsch *Wissensmanagement.*

Jetzt also Wissensmanagement. Auf einer Tagung … waren alle wieder versammelt, die Experten der Organisationsentwicklung, der Verschlankung von Unternehmen, der Zerschlagung von überkommenen Organisationsstrukturen und der Bildung von Kernprozessen eines Unternehmens.“

Daß „Wissensmanagement“ an Bedeutung gewinnt, kommt nicht von ungefähr. Vom Blickpunkt notwendiger Lernprozesse ist das eine logische Konsequenz. Es gilt, die Bruchstücke und Scherben aufzulesen und wieder zu einem Bild zu puzzeln, die jene Reorganisationsprozesse, die unnütz rigide betrieben wurden, hinterlassen haben. Mit dem Ziel, Strukturen zu zerschlagen, haben sie in vielen Fällen auch gleich diejenigen Fähigkeiten aufgerieben, die erforderlich gewesen wären, um das für den erfolgreichen Wandel notwendige Wissen zu organisieren und Lernen zu stabilisieren. Wissen zu aktivieren statt zu verspielen, steht als verlorene und dringend benötigte Ressource wieder ganz oben auf der Liste (Schmitz und Zucker, 1995). Der verbreitete Hunger nach Benchmarking, der nach vielen Reorganisationsprozessen um sich greift oder mit ihnen einhergeht, ist ein Indiz dafür, wie wichtig Wissenspotentiale sind, die man oft selbst „entlassen“ hat oder ungenutzt vorbeistreichen ließ und nun wieder überall zusammenzuklauben sucht.

Benchmarking verlängert in vielen praktischen Fällen nur den Trend zur Nachahmungsführerschaft. Sich vom Benchmarker zum Benchleader zu entwickeln ist für viele Firmen noch ein weiter qualitativer Sprung.

Welche „Habits“ für diesen Sprung nützlich sind, wie implizites Wissen Wandlungsprozesse unterstützt und wie Prozesse des Meta-Lernens einen souveränen statt schematischen Umgang mit innovativen Entwicklungen fördert, läßt sich in den Manualen zu den verschiedenen Reorganisationsansätzen nur selten nachlesen. Zahlreiche Unternehmen wären ohne nachhaltige Veränderungsprozesse nicht länger wettbewerbsfähig, doch manche von ihnen tun sich auch nach der kompletten Palette denkbarer Wandlungsprozesse schwer damit und setzen auf das Prinzip einer von Aktionismus geprägten Vorausvermeidung, um die Wracks aus der einen Flut mit der nächsten schnell wieder fortzuspülen.

Ihnen bleibt am Ende nur die Flucht in rigides Kostenmanagement, nach all den vergeblichen Operationen unreflektierter Wandlungseuphorie. Nur das eine Verhaltensmuster, rigide zu handeln, wurde dabei stabilisiert. Das Prekäre an dieser Situation ist, daß durch zu heftig forcierten Wandel eben dieser ausbleibt oder sich unnötig verlangsamt. Ein Rennfahrer, der mit durchdrehenden Reifen über die Piste dröhnt, wird wenig Kraft auf die Straße bringen, dafür viel Sprit verschwenden, wenngleich den umstehenden Zuschauern das laute Dröhnen und Quietschen als aggressive Dominanz erscheinen mag. Etwas weniger Show und besser dosierte Beschleunigung bringt am Ende das beste Tempo und die ersten Plätze. „Rapid learning" ist die Kunst, den Druck aufs Gaspedal optimal zu dosieren.

Der Nutzen der liquiden und kristallinen Intelligenz

Durch Reorganisation ändert ein Unternehmen seine formalen Strukturen. Mehr oder weniger bewußt greift das in seine informelle Konfiguration ein, mit all dem impliziten Wissen und informellen Beziehungen, Netzwerken, Kenntnissen.

Soll der Wandel gelingen, erfordert dieser Schritt eine hohe Kreativität vor Ort, Einfallsreichtum, Flexibilität und eine innovative Problemlöseintelligenz. Führungskräfte und Teams beweisen mit solchen Eigenschaften ein hohes Maß an „liquider" Intelligenz. Sie zeichnen sich durch die Fähigkeit aus, etwa in Brainstormings frei zu assoziieren, und bei der Lösung von Problemen auf neue, bisher nicht gedachte Ideen kommen (Schulz und Ewen, 1988). Eine hochentwickelte liquide Intelligenz fördert zugleich die sogenannte kristalline Intelligenz. Diese bezeichnet Fähigkeiten, gemachte Erfahrungen zu verarbeiten, mit anderen Lerninhalten zu verbinden und dieses Erfahrungswissen auf neue Problemstellungen anzuwenden. Die Stärke der kristallinen Intelligenz liegt darin, daß persönlich gewonnene Lebens- und Berufserfahrungen so transformiert werden, daß sie zur Lösung eines neuen Problems taugen oder dazu beitragen. Eine gut entwickelte kristalline Intelligenz zeigt sich in umfassendem Handlungswissen und vielseitigem Erfahrungspotential. Sie unterstützt ihrerseits die Fähigkeit, sich gedanklich einfallsreich und flexibel zu bewegen.

Wenn nun beim Versuch, ein Unternehmen zu reorganisieren, neue Lernprozesse sich nicht „herauskristallisieren", sich nicht zu explizitem wie zu impliziten Handlungswissen verdichten, schwächt das letztlich das Potential einer Organisation, flexibel zu agieren. Beide, liquide wie kristalline Formen der Intelligenz schaffen unterschiedliche Ausgangspositionen, um mit innovativen Herausforderungen umgehen zu können. Sie stellen differenzierte Qualitäten dar, um die erforderliche Flexibilität zu unterstützen. Wenn Erfahrungswissen nicht „reifen" kann und durch allzu hohen Tempodruck unterbunden wird, nimmt auch das Potential der liquiden Intelligenz ab. Das führt zu tölpelhaften Entscheidungen oder zu mangelhaftem Urteilsvermögen. Wenn die Wellen des organisationalen Wandels den Prozeß, vielschichtige Intelligenz zu kristallisieren, immer wieder abschilfern, dann bricht das Vermögen eines Betriebs, auf künftige Herausforderungen innovativ und flexibel zu reagieren, auf breiter Linie ein.

Implizites Wissen fördert Innovationen

Die Potentiale, die durch die liquide und kristalline Intelligenz entstehen, haben für Innovations- und Reorganisationsprozesse einen hohen Wert. Den kann man durch die Unkenntnis komplexer Lernprozesse, Unachtsamkeit oder Ignoranz leicht verspielen und damit den Erfolg der gesamten Maßnahme in Frage stellen. Um dieser Gefahr vorzubeugen, kommt dem impliziten Handlungswissen erneut eine besondere Rolle zu. Damit eine Innovation zum Erfolg führt, bedarf es in der Regel unterschiedlicher Sekundärstrategien, je nach den charakteristischen Stärken und Schwächen, die die Färbung, den Stallgeruch, die Kultur eines Unternehmens ausmachen. Der innere, informelle Zusammenhang eines Unternehmens kann sich von dem formal vorgegebenen gänzlich unterscheiden. Damit eine Maßnahme gelingt, sind neben den formalen Zielvorgaben auch die informellen zu beachten. Um den Erfolg von definierten Zielen zu gewährleisten, kann es nötig sein, die firmenspezifischen Kontextkanäle zu verstehen und im Vorfeld einer strategischen Innovation zu verändern. Das sind Sekundärstrategien, die erst die Voraussetzungen für erfolgreiche Primärstrategien, also erklärte Ziele sind.

Das implizite Handlungswissen von Führungskräften und Mitarbeitern ist eine zentrale Ressource, um zu erkennen, welche Sekundärstrategien im jeweiligen technologischen, methodischen oder sozialen Kontext einer Firma hilfreich sind. Zwei Firmen, die formal eine vergleichbare Organisationsstruktur aufweisen und für die Zukunft dieselben Ziele und Maßnahmen vereinbaren, zum Beispiel in der Branche die Qualitätsführerschaft zu übernehmen, können trotz ähnlicher Ausgangspositionen und -ziele doch sehr unterschiedliche Entwicklungen einschlagen. Verschiedenartige informelle Kontexte wirken auf die Gesamtentwicklung zurück, verleihen ihr eine jeweils eigene Tönung. Kleinere Einheiten im Betrieb können durch ihre besondere Schattierung zu einem schillernden Bild der Firmenkultur beitragen. Wenn ein Unternehmen nicht gelernt hat, sensible Kontextanalysen durchzuführen und ins Kalkül zu ziehen, können die besten, gut geplanten Maßnahmen irritierend wirken oder zum Scheitern führen.

Innovationen in unterschiedlichen Kontexten vorbereiten

Wie bereitet ein Unternehmen Sekundärinnovationen vor? Ein klug eingefädelter Innovationsprozeß zeichnet sich in der Regel nicht durch „Bombenwurf"-Strategien aus, bei denen Innovationen mit einem Schlag von oben nach unten verordnet werden. Er gewinnt an Qualität, wenn Informationen über künftige Entwicklungen den dialogischen Prozeß beeinflussen, der in einem Betrieb geführt wird. Vor dem Hintergrund vertrauter Strukturen können innovative Ziele durchdacht, durchgespielt und in neue, teils formale, teils informelle Netzwerke der Kooperation und Koordination transformiert werden. Dieser Lernprozeß läßt sich nur schwerlich von „oben“ nach „unten“ dirigieren. Er erfordert vielmehr eine aktive Auseinandersetzung mit Visionen, innovativen Zielsetzungen, Maßnahmen und Prozessen in den jeweils unterschiedlichen Kontexten, also auf den Handlungsebenen von Beteiligten und Betroffenen. Die kennen nicht nur die alten Strukturen, sie wissen auch, welche impliziten Chancen, Kompetenzen und Beziehungsnetze Innovationen fördern. Der Aufbau von innovativem „Test“-Wissen, das in der Lage ist, vor dem Hintergrund überkommener Organisationsmuster neue Handlungs-, Netzwerk- und Kommunikationsmodelle durchzuspielen, hat erfahrungsgemäß einen hohen motivierenden Reiz. Denn in dieser Phase können die Beteiligten nicht viel falsch machen – die „alten“ Strukturen sind zur Sicherheit noch da – aber doch ihre Neugierde ausleben. In dieser Phase können sie ausprobieren, wo innovative Prozesse im jeweils eigenen Arbeitsumfeld hilfreich oder korrekturbedürftig sind. Damit wächst, gleichsam schleichend, implizites Handlungswissen über die bevorstehende, neue Situation. Schon in der Testphase kann sich dieses bis zu einem gewissen Grad herauskristallisieren und festigen. Es bildet eine verläßliche Grundlage, wenn die innovativen Stukturen später die alten ersetzen.

Diese Mischperiode, in der alte und neue Handlungsmuster sich überlagern, dient zugleich als Prüfstrecke, welche führungs-, team- oder personbezogenen „Habits“ neue Lernprozesse erfolgreich unterstützen. Außerdem ist dies die wichtigste Phase, um für einen Reorganisationsprozeß so etwas wie ein „betriebliches Vorschlagswesen“ zu implementieren. Das hat nicht nur psychohygienischen Charakter, weil auf diese Weise Mitarbeiter einbezogen und motiviert werden. Es hat in erster Linie prozeßoptimierenden Charakter, weil explizites und implizites Handlungswissen die geplanten Innovationen auf die jeweiligen Kontexte hin abstimmen können.

Damit dieser Abschnitt eines Reorganisationsprozesses gelingt, ist ein hohes Maß an Flexibilität vonnöten. Die Fähigkeit, sich auf unterschiedliche Anforderungen einzustellen, wird durch den Prozeß, mit alten und neuen Strukturen *zugleich* umgehen zu lernen, gefördert. Führungskräfte und Mitarbeiter entwickeln auf diese Weise eine „Meta-Kompetenz der Flexibilität", die sie unabhängig von bestimmten Reorganisationsmodellen auf andere Situationen und Problemlösungen übertragen können. Dies bewirkt eine eigenständige, innere Dynamik von Lernprozessen, die sie nicht einlösen können, wenn der Anspruch, „auf permanenten Wandel flexibel zu reagieren" nur verbal vorgetragenen wird. Einsilbige Forderungen von Reorganisationsmanagern, wonach alte Strukturen erst abzuschaffen und dann durch neue zu ersetzen sind, ziehen im Vergleich dazu eher eine störanfällige Innovationsdynamik nach sich und zeugen oft selbst von rigiden statt flexiblen mentalen Mustern.

Top-down-Verfahren torpedieren innovative Lernprozesse

Der Wunsch nach schnellen Lösungen und fertigen Rezepten behindert häufig die Bereitschaft, parallele Lernprozesse zuzulassen. Vernetzte Testbereiche führen in der Regel nicht sofort zu sichtbaren Resultaten, sondern erzeugen erst eine Dynamik, aus der heraus Ziele und innovative Prozesse erwachsen. Auch Kontextanalysen unterbleiben oft – sie erfordern nicht unbedingt viel Zeit, aber ein hohes Maß an Einsatzbereitschaft und -wille.

Wenn Innovationen mit großer Energie – und nur dann sind sie erfolgreich – *von innen her forciert* werden und zu neuen Netz- und Kommunikationsmustern führen, entsteht ein offenes System. An dessen Grenzen verlieren alte „Schlagbäume" ihre Wirkung. Das ist für manche Führungskraft bedrohlich, denn implizites Handlungswissen, das sich auf unterschiedlichen Kontextebenen neu formiert, kann kaum kontrolliert werden. Das löst Unsicherheit und den Wunsch aus, in die bewährten, noch angelegten Strukturen zurückzukippen und Veränderungen nur soweit zuzulassen, als diese nichts wirklich verändern. Der Soziologe Luhmann (1988) spricht hier von Unterschieden, die keine Unterschiede machen. Davon unterscheidet er Unterschiede, die wirksame Unterschiede nach sich ziehen.

Führen: vom Kontrollieren zum Moderieren

Ein wirksamer Unterschied liegt im Führungs*verhalten*: Wenn sich dies nicht selbst darauf einläßt, Prozesse des Meta-Lernens zu initiieren und innovative Intelligenz zu kristallisieren, sondern diese Prozesse nur von anderen einfordert, untergräbt es deren Wirksamkeit. Rapid learning als Prozeß des flexiblen, parallelen Lernens ist wie ein Strom, der in alle Kontextverästelungen eines Unternehmens fließt, auch in die des Führens. Dosierter Wandel, dialogische Verantwortung und „Habit"-Transfer stellen die Führungskompetenz vor neue Anforderungen sich selbst gegenüber. Nun entzieht sich gerade die Flexibilität, als Fähigkeit mit verschiedenen Herausforderungen unterschiedlich umzugehen, jedem linearen Kontrollprinzip. Kontrolle funktioniert hier nur im Sinn einer dialogischen Selbstkontrolle, die unterschiedliche Perspektiven der Beteiligten miteinbezieht und bestmögliche Lösungen aus einem wechselseitigen Verständnis heraus beschließt.

Für Führungskräfte resultiert daraus ein besonderer Anspruch: diese Prozesse nicht länger zu kontrollieren, sondern verantwortlich zu moderieren.

Dies stellt hohe Ansprüche an die Qualität des Führungsverhaltens (von Rosenstiel, 1991). In der Praxis stellt sich die Frage, wie Führungskräfte mit diesem Anspruch umgehen – und was sie gelegentlich unternehmen, um ihm zu entgehen. Es gibt Führungsverantwortliche, die Reorganisationsprozesse nach einem Muster vorantreiben, das einem lyrischen Versmaß ähnlich ist. Die „alkäische Strophe" scheint ihnen dabei am besten zu liegen. Vor zweieinhalbtausend Jahren geprägt, folgt sie einem abgewandelten A-B-A-Schema. Als Drama inszeniert, ergiebt diese Folge ein Schauspiel in drei Akten:

Die Rolle des „Mauersprechers"

Auf Managementebene ist das rhythmische A-B-A-Prinzip weniger ein Gedicht, sondern für viele Betroffene Anlaß zu Ärger und Frust. Dabei funktioniert das Prinzip so einfach wie verblüffend gut: In der *Phase A* werden von oben nach unten innovative Prozesse und Veränderungen angeregt, Führungskräfte und Mitarbeiter auf allen Ebenen zur Eigeninitiative ermuntert. Die Begeisterung, das Engagement und der innovative Leistungswille aller Beteiligten schwappen über bestehende Abteilungsgrenzen hinaus. Netzwerke entstehen unabhängig von Linienstrukturen (auch wenn diese schon „schlank" sind). Erst durch Neugierde, dann durch Prozesse des Meta-Lernens entstehen Kompetenzen, an die bisher niemand dachte. Diese verursachen, aus der Sicht alter Kontextgrenzen, aber eine Art „Überqualifikation im Übermaß", quer über das Unternehmen gestreut. Mit Elan gehen Mitarbeiter, die bislang weder buchstäblich noch im übertragenen Sinn viel zu sagen hatten, an innovative Prozesse heran. Mit diesem Schwung entsteht eine Eigendynamik, die jene ursprüngliche Dynamik der Top-down-Initiative aushebelt. Innovatives, implizites Handlungswissen beginnt, sich im Sinne neuer, selbstorganisierender Prozesse herauszukristallisieren und auf die alten Strukturen verändernd zurückzuwirken. Formale, von oben vorgegebene Ziele werden auf unterschiedlichen Kontextebenen diskutiert, kritisiert, modifiziert. Starre, technokratische Vorstellungen von der Zukunft weichen elastischen Prozessen, die sich flexibel an Meilensteinen und nicht an fiktiven Zielvorgaben orientieren.

Phase B: Aus der Sicht mancher Verantwortlicher ist es höchste Zeit, zu intervenieren. Die innovativen Zielvorgaben sollen zwar erhalten bleiben, aber die Top-down-Dynamik auch. Wie das geht? Die Geschäftsleitung entzieht den bisher Beteiligten die Steuerung des Wandels wieder und verpflichtet sie auf ihre alten, „soliden" Arbeitsinhalte. Zugleich wird die weitere Entwicklung der angestoßenen innovativen Prozesse, wiederum dem Vorbild des antiken Theaters folgend, als eine Art „Mauerschau" inszeniert:

Das Geschehen, das auf der aktuellen Bühne nicht mehr stattfinden kann (wie zum Beispiel eine große Reiterschlacht auf einem weiten Hügel), wird stellvertretend von einem Turmerzähler berichtet. Der steht oben auf einer Mauer, die freilich die Sicht hinter die Bühne versperrt. Seinen Blick in die Ferne gerichtet, erzählt er den Akteuren drunten, was gerade „draußen", oder im Falle der Firma „droben" alles passiert. Für das Verständnis des Dramas ist solches Wissen wichtig. Aber die Spieler warten derweil auf der Bühne, warten auf ihren nächsten Part. Jene, die nicht direkt vom Spiel betroffen sind, die Zuschauer – vielleicht die Partner oder Kunden – sehen und hören den Mauersprecher und sind fasziniert vom gewaltigen Geschehen hinter der Wand. In der Unternehmenspraxis ist die Phase „B" die Stunde der Unternehmensberater. Um die Top-down-Dynamik abzusichern, werden sie von „Top" eingeladen. Sie erstellen „innovative" Konzepte, die oft keine wesentlich neuen Ziele, Projekte oder Prozesse skizzieren, als sie zuvor schon von „innen" erarbeitet wurden. Gern legen sie Wert auf die Feststellung, daß sie dazu nur wenig Zeit gebraucht hätten. Ein dezent suggestiver Hinweis auf deren vermeintliche Kosteneffizienz, die aber unternehmerische Aspekte der motivationalen Effizienz, der Lerneffizienz und der praxisnahen Handlungseffizienz unterschlägt. Solchermaßen düpiert tun die bislang Beteiligten exakt das, was sie in dieser Lage tun sollen. Nichts mehr. Sie ziehen sich zurück. Sie beschränken sich wieder auf ihre schmalen, alten Kontextgrenzen. Diejenigen, die früher nichts zu sagen hatten, hüllen sich wieder in Schweigen. Schon herrscht ein ähnlicher Zustand wie zuvor, aber doch mit einer von „Top" geretteten innovativen Dynamik – könnte man glauben. Ein Denkfehler, der die Szene zurückführt zu Phase A.

Wieder Phase A, dritter Akt, erneut im ersten Bühnenbild. Die Akteure sehen etwas anders aus. Der Hauptdarsteller, „Top“, ist so bleich, als wäre er in Kreide gefallen. Die anderen Spieler werkeln vor sich hin, mit gesenktem Blick, ohne persönlichen Kontakt. Der Mauersprecher ist verschwunden. Doch hinter der Wand singt er noch einen Refrain, den vom „permanenten Wandel“. Auf der Bühne herrscht betretenes Schweigen, nur hinter der Bühne permanent der Refrain. „Top“ tritt jetzt in Szene. Halb mutlos, in sich gekehrt, mit sanftem Lächeln vielleicht auch ein wenig hoffnungsfroh. Zwiespältig. Die Situation ist doch nicht wieder die alte. Sie sieht nur oberflächlich so aus wie im ersten Akt. „Top“ wendet sich einer Gruppe von Spielern zu und sucht den Dialog. Die schauen nicht auf, werkeln verkrampft und mit eingefallenen Schultern weiter. Was „Top“ zu sagen beginnt, gerät ihm zum Monolog. Niemand antwortet. „Top“ schließt die Augen. Er spricht weiter, von Innovation, Zukunft, Verantwortung, Eigeninitiative, von der Wichtigkeit der Erneuerung, vom Bemühen jedes einzelnen, von neuen Netzwerken, von Marktführerschaft, Qualität und Kundenbeziehung, von der Bedeutung seiner Teams, von Neubeginn und Hoffnung. Niemand hört.

„Top“ öffnet die Augen und sieht die skeptischen Blicke der anderen. Alle schauen ihn an. Der Prozeß war an ihnen nicht spurlos vorübergegangen. Sie haben etwas gelernt, nämlich ein verfremdetes Meta-Lernen: Nicht, wie es gelingt, innovativ zu sein, war ihre Schule, sondern wie es gelingt, alle Initiativen und wirksamen Innovationen zu unterbinden. Indem man über die innovativen Inhalte spricht und deren innovative Eigendynamik blokkiert. Aus der Sicht von „Top“ funktioniert nach der Intervention wieder die gewohnte Dynamik. Aus der Sicht von „Down“ bleibt Befremden und Mißtrauen zurück. Nur aus der Sicht des Mauersprechers bietet sich eine Gelegenheit, sich erneut über die Bühne zu erheben und den Refrain anzustimmen – ein Unterschied, der ihm wie vielleicht einem passiven Publikum willkommen ist.

Die horizontale Hierarchie als Forum des Lernens

Schaut man auf solche „Dramen“ in der unternehmerischen Wirklichkeit, dann lassen sich häufig zwei typische Konsequenzen erkennen:

- Zum einen bleiben die Innovationen transitorisch, also hinter den innovativen Möglichkeiten zurück, selbst wenn sie dadurch offensichtliche Fehler und Schwächen einer Problemlösung pflegen statt überwinden.
- Zum anderen neigt die Unternehmensführung dazu, weitreichende Innovationen unter harscher Kostenargumentation abzuwiegeln und der visionären Führerschaft wenig Augenmerk zu schenken.

Solche Dramen kennen manche Unternehmen in allen Variationen. Hier wurden sie aus der Sicht eines Drehbuchs geschildert.

Lernprozesse entstehen nicht außen, sondern in den Köpfen der Mitspieler, der Beteiligten. Im übertragenen Sinn in den Köpfen all derer, die im Bemühen um innovative Erneuerung erfolgreich waren oder daran gescheitert sind. Unfreiwillig oder mit Absicht haben alle gelernt: „Down“ weiß, wie gefährlich oder entmutigend es sein kann, sich auf Initiativen von „Top“ einzulassen. „Top“ mußte erfahren, daß ihm erst die Komplexität der Prozesse, dann auch noch der Versuch einer Rettung entglitt. Was bleibt ihm, als sich frühere, nicht innovative Kriterien wieder zu eigen zu machen, die klarer zu steuern und zu kontrollieren sind. Kriterien, die wohlvertraute, wenn auch ein wenig schlankere Strukturen ansprechen und die altgewohnte Dynamik des Handelns nicht verletzen.

Lernprozesse über Lernprozesse

Das Risiko auf beiden Seiten, „Top" wie „Down", besteht darin, daß sie sich in Zukunft mit noch mehr Vorsicht, Angst, Bedürfnis nach Sicherheit begegnen. Die Rate gegenseitigen Versagens ist hoch in diesem Spiel. Und doch zeigt die Auseinandersetzung mit zahlreichen innovativen Prozessen in der täglichen Praxis, daß oben skizzierte Dramen normal sind. Wenn man deren Verlauf nun „entdramatisiert", entsteht ein Bild vom Auf und Ab innovativer Entwicklungsphasen. Das entbindet jedoch nicht von der Pflicht, solche Dilemmata klar zu erkennen. Denn gerade innovative Prozesse sollten ökonomisch, zeitnah und ressourcenbewußt gestaltet werden, um den unternehmerischen Sinn der Zukunftsgestaltung und Wettbewerbsfähigkeit nicht zu verfehlen.

Dilemmata können zu „Lernprozessen über Lernprozesse" führen, die es im Sinne eines Meta-Lernens zu nutzen gilt. Wer als „Down" durch alle Phasen gegangen ist, wird vermutlich eine höhere Frustrationstoleranz entwickeln. Die kann wichtig sein, um langwierige innovative Prozesse durchzustehen. Eine niedrige Frustrationsschwelle verträgt sich bestenfalls mit Konsumanspruch und dem Bedürfnis nach „innovativen" Unterhaltungsspielen, aber nicht mit Eigeninitiative und engagierter Wertschöpfung. Außerdem wird „Down" im Rückblick erkennen, daß seine Kompetenzen zumindest phasenweise höher waren als es der Begriff „Down" nahelegt. Die Fähigkeit, innovativ zu handeln, erweist sich aus diesem Blickwinkel weniger als eine Frage von Top-down-Strukturen als vielmehr von flexiblen Lernprozessen.

Auf der anderen Seite wird „Top" lernen, daß Lernprozesse, die er lostritt, auf ihn selbst zurückwirken. Daß der Versuch, sie erst anzustoßen und sich dann zurückzuziehen, zum beschleunigten Scheitern führt. „Top" wird erkennen müssen, daß bei innovativen Prozessen „Down" nicht dem Schwanz eines Hundes gleicht, mit dem er nach Belieben wedeln kann, sondern daß die Beziehung zwischen „Top" und „Down" der Ort ist, an dem sich dialogische Verantwortung vollzieht und gelingt – oder mißlingt.

„Top“ kann Lernprozesse nach „Down“ delegieren. Aber er wird dann lernen müssen, sich in diesem Prozeß mitzuentwickeln, mitzuverändern, oder andernfalls zu versagen.

Effizienz ist wichtiger als die Wahrung der Hierarchie

„Top“ zu sein ist aus dieser Sicht keine Position, die über andere hinausgehoben ist, sondern stellt einen spezifischen Kontext innerhalb des Unternehmens dar. Diesem sind besondere Aufgabenfelder zugeordnet, die mit anderen Bereichen einer Organisation in enger Beziehung stehen. Gedanklich führt das zu einem Hierarchiemodell, das sich gleichsam in die Fläche oder den Raum erstreckt, in dem zwischen unterschiedlichen Aufgabenbereichen, Kulturen und Kompetenzen ein vielschichtiges Netzwerk angelegt ist. Was in diesem Raum „oben“ und „unten“ ist, hat in dem Bild eine geringere Bedeutung als das, was zwischen den einzelnen Kontextebenen entsteht.

Dieses Bild unterscheidet sich ebenso von Begriff der sogenannten „flachen Hierarchie“. Denn die ist weiterhin vertikal zu sehen, also von oben nach unten strukturiert, nur mit wenigen Zwischenstufen. Dieses vertikale Hierarchiemodell ist brauchbar, um formale Organisations- und Entscheidungsstrukturen zu beschreiben. Aber um die Dynamik und Vernetzung von Lernprozessen sowie ihre Kontextwirkungen zu verstehen, ist es hilfreich, die Beziehungen zwischen „Top“ und „Down“ aus der vertikalen Perspektive zu entlassen und sie auf dem Niveau einer vielseitig denkbaren, gegenseitigen Effizienz zu bewerten.

Scheitern kann in diesem Prozeß ein vorübergehendes Ereignis sein, das neue Ressourcen erschließt, um mit innovativen Herausforderungen künftig kompetenter umzugehen. Scheitern kann ein Unternehmen auch an den Abgrund treiben, wenn die Lernprozesse ausbleiben oder kontinuierlich abgewürgt werden.

Das Risiko des kontinuierlichen Scheiterns

Bislang wurde das Thema „Rapid learning“ aus der Sicht umfassender Lernprozesse betrachtet. Diese verlangsamen das Einstiegstempo in Reorganisationsstrategien, weil sich erst ein Netzwerk verschiedener Lernebenen formieren muß. Nach dieser Phase führen gerade diese Kompetenzen zu einer wesentlich höheren Beschleunigung und Wahrscheinlichkeit des Gelingens. Die erworbenen Fähigkeiten bleiben dem Unternehmen erhalten, um andere Prozesse flexibel und lösungsgerecht zu handhaben. Innovative Projekte und visionäre Prozesse, die erfolgreich geführt werden, sind der bedeutsamste Beitrag zur Kostenführerschaft, auch wenn sie nicht von diesem Primat ausgehen. Das setzt voraus, daß das Gelingen von allen Beteiligten erwünscht und das Scheitern unerwünscht ist. In der unternehmerischen Praxis erweist sich diese Annahme mitunter leider als naiv. Gerade wenn manche Manager bemerken, daß sich im Unternehmen Lernprozesse auf breiter Ebene formieren und stabilisieren, daß man neuen Herausforderungen von vielen Seiten souverän begegnet und daß leistungsfähige formale wie informelle Netzwerke der Kommunikation, des Erfahrungs- und Informationsaustausches sichtbar werden, verlieren sie die Nerven. Und treten, mit welchen Mitteln auch immer, voll auf die Bremse. Darum, daß manche vielleicht Angst haben, ihre Pfründe zu verlieren, soll es hier in einer prozeßorientierten Analyse nicht gehen. Daß manche von ihnen Angst vor dem Unbekanntem haben, das sie nicht in das enge Korsett eines Zielrasters packen können, um es „sicher“ von oben nach unten zu delegieren und den umgekehrten Weg zurück in Stufen wieder zu kontrollieren, ist ein anderes, bedeutsames Thema. Es handelt vom kontinuierlichen Scheitern und somit von der Kehrseite des „Rapid learning“.

Dessen Auftakt ist zunächst von dem oben skizzierten Drama nicht zu unterscheiden. Es beginnt wie in „A“ mit Aufbruchstimmung und Begeisterung vieler Beteiligter. Dann mündet der Prozeß durch die aufgeschreckten Reaktionen mancher verunsicherter Führungsverantwortlicher in Phase „B“. Soweit nicht ungewöhnlich, käme danach nicht ein Unterschied, der den Unterschied macht: An diesem Punkt trennt sich die Spreu vom Weizen, gewinnt die lernende Organisation und verliert die stagnierende. Durch mißliche Erfahrungen entwickelt eine lernende Organisation übergeordnete Kompetenzen, um mit sich selbst, also den internen Prozessen anders und langfristig verträglicher umzugehen.

Die stagnierende Organisation lernt aus solchem Mißbehagen ebenfalls, doch in eine abgewandelte Richtung. Ihre „Meta-Kompetenz“ resultiert in einem Know-how, sich selbst noch raffinierter oder – je nach Kultur – grobschlächtiger auszutricksen. Wäre Sigmund Freud nicht Arzt, sondern Organisationspsychologe gewesen, hätte er angesichts solcher Phänome vermutlich vom „Todestrieb“ (1992) eines Unternehmens gesprochen. Der wird in Entscheidungen und Maßnahmen sichtbar, die bestenfalls geeignet sind, um Lernprozesse gezielt zu unterbinden, und die sich langfristig gegen die eigene Überlebensfähigkeit richten. Manchmal bescheren derartige Entwicklungen einem Unternehmen noch ein langes, finanziell sogar erträgliches Siechtum. An dessen Ende steht allerdings nicht die zukunftsfähige, kostenoptimale Innovation, sondern ein reaktives, panikartiges Sich-zu-Tode-Sparen. Statt Kompetenzen zum qualitativen Rationalisieren zu entwickeln, zementieren diese Firmen die Phase „B“. Veränderungen von innen und den Aufbau des notwendigen Lernens ersticken sie im Keim. Die beiden, meist gekoppelten Strategien dazu lauten: Verbalwissen, das stakkatoartig – in kurzen, heftigen Wellen – über das Unternehmen ausgebreitet wird, um wieder zu verschwinden und von einer neuen Welle überspült zu werden, bevor es sich in Handlungswissen niederschlägt. Dabei streng darauf zu achten, daß sich nur der Gebrauch der Worte, nicht aber die Dynamik der Top-down-Kontrolle ändert.

Die Fabel vom hungrigen Fuchs

Wer es versteht, innovative Lernprozesse dosiert zu beschleunigen, vergrößert seine Chance, gute Resultate zu erzielen. Der Startzeitpunkt für innovatives Lernen ist nicht minder wichtig: Gotthold Ephraim Lessing erzählt vom Dilemma des verkehrten Beginns, wenn er die Fabel vom jungen, hungrigen Fuchs beschreibt:

> Der klagt über das Unglück, das ihm stets beim Jagen widerfährt. Auch wenn sein Hunger noch so groß ist, vermag er nichts zu erbeuten. In seiner Verzweiflung offenbart er sein Leid dem alten, erfahrenen Fuchs. Der fragt nachdenklich zurück: Du wirst doch hoffentlich klug jagen? Wann machst Du denn Deine Anschläge?
>
> „Wann anders, als wenn mich hungert", antwortet der junge Fuchs. „Wenn Dich hungert?" bemerkt der alte Fuchs.
>
> „Ja, da haben wir es! Hunger und Überlegung sind nie beisammen. Mache sie künftig, wenn Du satt bist; und sie werden besser ausfallen."

Manche Unternehmen beginnen erst in der Krise, über künftige Herausforderungen nachzudenken. Zu spät, nicht nur weil sie die Phase der Entrepreneurs verpaßt haben. Sie verlieren die Souveränität, die darin liegt, Lernprozessen Zeit zu geben und sie ausreifen zu lassen, statt sie nur anzureißen. Sie beschränken sich auf hastig zusammengeflickte Imagekorrekturen und vernachlässigen die Kompetenzen, die notwendig wären, um bevorstehende Krisen zu meistern. Unter der Tünche des „schnellen Wandels" werden dann alte Muster konserviert, die in verschärften Krisensituationen vielen wieder als „letzte Rettung" dienen.

Den Sinn der lernenden Organisation dreht das um: Statt innovative Kompetenzen gerade in schwierigen Situationen als konstruktives Handlungsreservoir einzusetzen, versagen sie ausgerechnet in dem Moment und fallen in überwunden geglaubte Schemata zurück. Ein Indiz dafür ist die Rückkehr eines harschen autoritären Gebarens in zahlreichen Firmen, die alle Wandlungsprozesse von Lean über Reengineering und Total Quality Management durchlebt haben. Sie wissen deren Vokabular gekonnt in Szene zu setzen, vertrauen aber aufgrund eigener mißlicher Erfahrungen den ursprünglichen Ideen und Idealen, die sich hinter all diesen innovativen Ansätzen verbergen, längst nicht mehr. Für ihr aktuelles Krisenmanagement nutzen sie lieber die alten „bewährten", in jahrzehntelanger Praxis eingespielten Verhaltensmuster. Die müssen nicht gut sein, aber in ihrer Wirkung erscheinen sie wenigstens als verläßlich und kalkulierbar. Diese Verhaltensmuster werden oft als Ausdruck problematischer Charaktere gedeutet. Im Einzelfall mag das so sein. Meist findet dieses Verhalten jedoch einen fruchtbaren Nährboden in Lernprozessen, die abrupt einsetzen und ebenso schnell wieder abgebrochen werden, unausgewogen bleiben und nicht reifen können. Dieses „mißachtete Lernen" führt, einer „Frustrations-Aggressions-Spirale" folgend, erst zu Enttäuschung und dann zu einer verdeckten, manchmal auch unverhohlenen Zerstörungskultur. Dem Unternehmen eins auszuwischen, sich „auf Kosten der anderen" schadlos zu halten oder zu profilieren, kennzeichnet die praxisnahen Spiele hinter der Bühne.

Verändern macht angst

An diesem Punkt entsteht die Gefahr, daß die in Gang gesetzte negative Spirale sich aufschaukelt: Der Mangel an eigenen innovativen Kompetenzen verstärkt bei vielen Führungskräften die Angst vor dem persönlichen Versagen und damit vor künftigen kritischen Situationen. Damit kommt noch ein weiteres Thema ins Spiel: die Fähigkeit, mit Angst umzugehen – mit der eigenen Angst wie mit der von anderen Personen.

Ängste, die nicht erkannt oder blind übergangen werden, erzeugen eine Kluft zwischen dem Anspruch nach mehr Engagement und

Flexibilität einerseits und den tatsächlichen Verhaltenstendenzen andererseits. Unter angstbehafteten Bedingungen reagieren viele Führungskräfte und Mitarbeiter mit vermehrtem Vermeidungsverhalten. Darin ist ein Rückkoppelungseffekt angelegt, der die Bereitschaft zur Initiative weiter vermindert. Die angstgeleitete Spannung zwischen dem „Soll“- und „Ist“-Zustand wird zunehmend als belastend empfunden. Das Erleben von negativem „Streß“ nimmt zu. Streßbelastungen reduzieren jedoch die Fähigkeit, dosiert und flexibel zu handeln. Mit aufkeimendem Belastungsdruck und Konfliktempfinden wird das beobachtbare Verhaltensrepertoire zunehmend rigider. Dieser Prozeß entfaltet eine negative selbstverstärkende Tendenz: Er wirkt auf sich selbst zurück und stabilisiert einen Systemzustand auf einem nicht fortschrittsfähigen, destruktiv angelegten Niveau.

Dennoch ist ein Unterschied zu machen: Von der „Angst“ wurde bisher nur in einem populären Sinn gesprochen, nämlich daß sie schädlich sei. Diese Annahme kann nicht grundsätzlich verallgemeinert werden. In bio-sozialen Systemen hat Angst unerläßliche, für das Überleben wichtige Bedeutungen. In diesen Funktionen sind Angstpotentiale konstruktiv. Sie wirken als Handlungsmotor, um eindeutige Entscheidungen zwischen konkurrierenden Verhaltensrepertoires umzusetzen. Im Moment der Gefahr ist beispielsweise die Flucht wichtiger als das Stillen des Hungers. Angst leistet hier einen augenblicklichen konstruktiven Beitrag zum Überleben.

Ängste grundsätzlich beseitigen zu wollen, könnte neben den negativen auch die positiven und hilfreichen Effekte vernichten, die mit ihr verbunden sind. Deshalb ist zwischen zwischen destruktiven und konstruktiven Angstpotentialen zu unterscheiden.

Wesentliches Merkmal der destruktiven Angst ist, daß sie lähmt. Als Reaktion auf unangenehme Situationen kommt dem Vermeidungslernen dabei eine Schlüsselstellung zu. Vermeiden kann bedeuten, daß eine Person auf Anforderungen einfach nicht reagiert (passives Vermeiden) oder ihr gezielt ausweicht (aktives Vermeiden). Den Vermeidungsstrategien gehen meist negative

Erfahrungen voraus. Diese müssen nicht immer bewußt sein, sie können subliminal (Emrich, 1986), also unterhalb der bewußten Wahrnehmungsschwelle erlebt und erworben worden sein. So ist zu beobachten, daß bei formalisierten Tätigkeiten (etwa monotone Bürotätigkeit mit hoch standardisierten Arbeitsabläufen oder exakt getaktete Arbeit am Band) heftigere Widerstände gegen Innovationsbestrebungen zu überwinden sind als bei Tätigkeiten, die scheinbar viel belastender, aber weniger formalisiert sind. Ein durchdringender Grad an Formalisierung „bestraft" eigeninitiative Ansätze. Diese wirken sich ja immer normverletzend aus und zeigen sofort „Fehlverhalten" an. Sich „Eigeninitiative" vorzustellen wird mit dieser unguten Erwartung verknüpft. Diese Assoziation belastet, und plötzliche innovative Anforderungen aktivieren nur eine als negativ erlebte Erfahrung. Die Angst vor Fehlern führt dazu, daß Fehler zu vermeiden als sicherer empfunden wird als Initiativen zu riskieren.

Die Wahrnehmung von Ängsten hat aber auch wichtige Signalfunktionen inne. Diese können einem Team nutzen, um Innovationsprozesse in verträglicher und doch hinreichend energischer Weise zu dosieren. Denn die Angst vor der Destabilisierung eines gewohnten Zustandes beeinflußt die Geschwindigkeit des Lernens und damit einer brauchbaren Veränderung.

Die Angst, die von den Teammitgliedern bewußt wahrgenommen wird, ohne zu Blockaden im Denken oder Handeln zu führen, kann als Spannungsfühler für optimierte Beschleunigungsprozesse dienen. Aspekte der richtigen Dosierung werden in vielen Diskussionen über notwendige Innovationsprozesse unterschlagen. Zu Unrecht, denn mit dem Vertrauen in eigene Kompetenzen weicht die Angst, und das Tempo einer Innovation kann im richtigen Moment anziehen. Die Ängste der Beteiligten wahrzunehmen und als Information zu nutzen, kann ein Team auf diese Weise vor irrationalem Vermeiden und in der Konsequenz vor einem Innovationskollaps schützen.

6 Trainer und Berater – riskante „Viren" im Betrieb

Berater, die es nicht verstehen, ihre Empfehlungen in Lernprozesse der Firmen zu überführen, werden für die Unternehmen am Ende teuer, aber nicht viel wert sein. Ähnlich verhält es sich mit Trainern, die auftragsgemäß Modulbausteine abarbeiten und keinen Transfer zur strategischen Unternehmensführung herzustellen wissen.

Für viele Unternehmen sind die Risiken, die mit dem Einsatz von Externen verbunden sind, weitreichend. Nicht selten müssen sie die Erfahrung machen, daß die Hochglanzprospekte mancher Anbieter immer gestylter erscheinen, die Qualität der erbrachten Leistungen den suggerierten Erwartungen jedoch erheblich hinterherhinkt. Für Führungskräfte bedeutet dies zu lernen, auf die *Prozeßqualität* von Beratungen und Trainings zu achten, weniger auf die zur Schau gestellten „Kompetenzen" und Versprechungen. Das gilt vor allem für Angebote, die führungs- und persönlichkeitsbezogen sind. Die gewinnen an Bedeutung, um mit schnellen Veränderungen im Betrieb zurecht zu kommen. Zugleich besteht gerade in diesem Sektor die Gefahr, dilettantischen oder gar mißbräuchlichen Maßnahmen Tür und Tor zu öffnen. Durch deren Streueffekt können sich unkontrollierte Risiken in Unternehmen „virenartig" ausbreiten (Schwendner, 1995). Häufig sind die Betriebe verunsichert, nach welchen Kriterien sie die Angebote von Externen bewerten sollen. Kenntnisse darüber, was sinnvolle Bewertungsgrundlagen sind, scheinen gering ausgeprägt zu sein.

Nicht wenige Berater und Trainer verstehen es, sich auf Kosten der Unternehmen unentbehrlich zu machen. Sie gleichen in ihrem Vorgehen einem Medizinmann, der die Leiden seiner Patienten zwar spürbar lindert, ihre Heilung aber geschickt hinauszögert oder zu verhindern weiß. Die Klienten werden ihn dann loben und schätzen, weil sie Erleichterung verspüren, aber sie gesunden nicht wirklich und werden ihn immer wieder brauchen. Wenn Reorganisationsprozesse in einem Unternehmen eingeführt werden, findet manchmal etwas Ähnliches statt. „Externe" Partner finden viele Gelegenheiten, soziale wie strategische Konflikte zu entlasten und zugleich aufrechtzuerhalten. Auf diese Weise werden die Externen zu Integrationsfiguren für die Balance eines nicht auflösbaren Widerspruchs. Sie helfen und werden darin unersetzlich. Sie helfen aber nicht umfassend, wie der an einer Heilung interessierte Arzt, sondern schaffen Abhängigkeiten wie der trickreiche Medizinmann. Das gelingt, indem sie zum Beispiel ein technokratisch perfekt gesteuertes Projektmanagement vorlegen, mit ausgefeilten Master-Plänen, die Arbeit an der notwendigen Innovationskultur aber außen vor lassen. Teils aus mangelnder eigener Kompetenz, teils auch um die beteilgten Teams gezielt unselbständig zu halten. Ihr Erfolg liegt dann im Scheitern, indem es ihnen gelingt, die „Heilung" auflaufender Schwierigkeiten professionell zu unterbinden und den Glauben an die Machbarkeit einer Herausforderung an sich zu binden. Durch die Strategie eines entlasteten, aber stabilisierten Problems vermögen sie sich dauerhaft an ein Unternehmen zu koppeln. Indem sie bei umfassenden Reorganisationsprojekten die vielschichtigen Kontexte ignorieren, die ein Unternehmen und seine Umwelt auszeichnen, und nur auf ein Kriterium – etwa kurzfristige Kostenreduktion – achten, helfen sie spürbar und provozieren dennoch Mißerfolg.

Die Bewertungskriterien von riskanten Beratungen und Trainings liegen auf mehreren Ebenen. Verdächtig sind darum weniger vereinzelte Warnsignale als deren wiederholtes oder gemeinsames Auftreten. Die Folgen für ein Unternehmen sind dann besonders hart, wenn sie sich in Wechselwirkung aufschaukeln. Dazu zählen bedenklich gesteuerte mentale und soziale Lernprozesse ebenso wie eine verkehrte Kommunikations- und Systemdynamik, die nicht zu Strategien innovativen Handelns hin führt. Hier sollten

Führungsverantwortliche und Personalentwickler sensibilisiert sein und genau beobachten, was bei der Arbeit mit Externen passiert.

Mentales und soziales Lernen

Lernen ist stets in Kontexte eingebunden. Auch wenn früher Gelerntes nicht unmittelbar zur Lösung bestimmter Probleme zu passen scheint, bereichert es den Erfahrungsschatz und das Handlungsrepertoire der Menschen. Lerninhalte müssen nicht immer nur rational sein, oft sind sie emotional oder schlagen sich in gewohnheitsmäßigem Verhaltens nieder. In jedem Fall gehen sie in die „kristalline Intelligenz“ von Menschen ein, werden also in den Gedächtnisspeicher integriert, in dem sich im Lauf des Lebens Erfahrungen und Erinnerungen immer mehr verdichten und vernetzen. Für mentale Prozesse bilden Lerninhalte eine zentrale Ressource, und das kann sich positiv oder negativ auswirken. Tritt nun jemand mit dem Anspruch auf, bei Mitarbeitern „alte“ Gedächtnisspuren (sogenannte Engramme) ausräumen zu wollen, so ist Vorsicht geboten. Manche Externe kokettieren mit dem Argument, daß sie althergebrachte Einstellungen, Lebens- und Lernerfahrungen bei den Teilnehmer „löschen“ müßten, weil diese nicht mehr brauchbar seien und der betrieblichen Innovation im Wege stünden.

Die Absicht, „alte“ Verhaltensmuster zu „löschen“ und durch neue zu ersetzen, ist gefährlich. Denn jedes Verhalten kann in verschiedenen Situationen unterschiedliche Folgen und Bedeutungen haben. Das „Löschen“ eliminiert nicht nur unerwünschtes Verhalten mit seinen Folgen. Oft gehen damit auch – unbedacht und unkontrolliert – wertvolle Verhaltensressourcen verloren, die für bestimmte neue Situationen nicht mehr abrufbar sind. Die Konsequenz ist keine Beschleunigung, sondern eine merkliche Verlangsamung von Lernprozessen.

Lerninhalte sind mental stets in ein Netz von Assoziationen und Lebenserfahrungen eingebettet. Wird deren Verlust durch Trainings erzwungen, entstehen „Löcher" in der Verarbeitung und Integration neuer Erfahrungen, so daß die mentalen Prozesse zunehmend störanfällig oder fehlgesteuert werden. Wenn solche Methoden in einem Unternehmen weit verbreitet werden, ist damit zu rechnen, daß mentale Ressourcen im Hinblick auf Problemlösungen und Wissenspotentiale nicht vermehrt, sondern großflächig vernichtet werden.

Die Tücken einer „guten Stimmung"

Die Gefahr wächst noch, wenn dafür gesorgt wird, daß die Seminarteilnehmer das „Löschen alten Verhaltens" im Training als harmonisch erfahren und sogar euphorisch aufnehmen, während sie die Stimmung im Unternehmen eher als von Umbruch oder Krise geprägt wahrnehmen. Der positive Wert, den ein gutes Trainingsklima normalerweise hat, kippt unter dieser Voraussetzung ins Gegenteil um. Ein sinnvoller Transfer von Trainingsinhalten in die Praxis gelingt um so schwerer, denn das „Löschen" alter Verhaltensmuster ebenso wie der Aufbau neuer Handlungsalternativen ist an das jeweilige Lernumfeld geknüpft. Dabei spielt das emotionale Gedächtnis eine ebenso wichtige Rolle wie das kognitive: Die mit dem „Löschen" verbundenen Verhaltensänderungen können nur auf einen konkreten Arbeitskontext übertragen werden, wenn die euphorische Stimmung eines Trainings mit der im Unternehmen korrespondiert.

Daraus entwickelt sich eine Art „Schönwetterkompetenz": Ein Pilot, der ausschließlich im sonnigen Kalifornien das Fliegen lernt, wird es bei widrigen realen Bedingungen – stürmischem Wetter oder regennasser Piste – schwierig finden, sicher zu landen. Ein Seminarteilnehmer mag ein harmonisches Training absolviert haben. Wenn er danach mit sozialen und strategischen Krisen konfrontiert wird, etwa durch innovative Projekte ausgelöst, bleibt ihm kaum mehr als in anachronistische Verhaltensmuster zurückzufallen, die er von früher kennt. So wie das „neu“ erworbene Verhalten zum guten Klima paßt, so signalisiert das „gelöschte“ Verhalten eine von früher vertraute Sicherheit, durch schwierige Zeiten zu kommen. Das Training der fachlichen und sozialen Kompetenz versagt ausgerechnet dann, wenn die Fähigkeit es umzusetzen im Unternehmen am dringlichsten wäre.

An dieser Stelle driften Beratungs- und Trainingsleistungen auseinander. Mit Hilfe von Beratungen werden im Unternehmen die Strukturen und Prozesse reorganisiert. Zum Risiko, nur deren technische Seite durchdacht und durchkalkuliert zu haben, gesellt sich eine trainingsbedingte Schwäche, genormte Lernprozesse nicht auf den Umgang mit unbekannten, „innovativen“ sozialen und strategischen Konflikten anwenden zu können. Zurück bleiben irritierte Führungskräfte und Mitarbeiter, die verantwortlich und kompetent sein sollen, aufgrund der widersprüchlichen Dynamik externer Angebote aber weder dem einen noch dem anderen Anspruch gerecht werden können. Dieses Phänomen läßt sich häufig in Firmen beobachten, deren angelernte Trainingskultur plötzlich kippt, wenn sie zum Beispiel in eine Rezession oder in andere Krisen geraten. Frühere, jenseits von Trainings erworbene Verhaltensmuster gewinnen schlagartig wieder die Oberhand.

Eine weitere Sperre blockiert den Transfer der Inhalte aus einer kantenlosen Seminarwelt in die schroffe, bedrohliche Welt unternehmerischen Wandels: Wo Firma und verschärfte Marktbedingungen eigenständige Kompetenzen erfordern, die zum Teil durch aggressiv rationalisierende Beratungskonzepte unterstützt werden, bemühen sich Trainings oft um das Wohlergehen der Teilnehmer und erzeugen eine wohlige Passivität von zufriedengestellten Konsumenten. Ein folgenreiches Mißverhältnis zwischen Beratungsanspruch und Trainingswirklichkeit. Damit dieses im Unternehmen nicht so deutlich wird, „erarbeiten“ Trainer wie Berater häufig zahlreiche papierene Lösungen, die als sichtbare Ergebnisse die fragwürdigen Erfolge ihrer Bemühungen verschleiern.

Kommunikation – oder „Offenheit", die rigide macht

Auch Kommunikation findet durch Lernprozesse statt, und Berater wie Trainer haben hier eine wichtige Vorbildrolle für Führungsverantwortliche. Es gibt eine „Offenheit", die trügt und rigide macht. So wird ein Kind, dem die Eltern das Lügen verbieten, während sie selbst es tun, nicht lernen, daß man nicht lügen soll. Dafür wird es lernen, daß man zwar lügen darf, aber sagen muß, daß man es nicht darf.

Lernen orientiert sich am Vorbild, am Modellverhalten, nicht am rhetorischen Anspruch. Nicht anders ist das bei Lernzielen wie „Offenheit", „Transparenz" oder „Kooperationsfähigkeit", allesamt wichtige Faktoren in vielen Bereichen einer innovativen Organisations- und Personalentwicklung. Jedoch können derartige „Lernziele" Gift für die Entwicklung eines Unternehmens und seiner Führungskräfte werden, wenn sie in systemdynamischen Prozessen eingeübt werden, die in sich nicht ausgewogen sind. Trainer wie Berater, die Offenheit, Veränderungsbereitschaft, Entwicklungsfähigkeit einfordern, jedoch ihre eigenen Annahmen und Einstellungen nicht diskutieren wollen, Widerrede unterbinden und sich von den Lernprozessen des Unternehmens und seiner Teams distanzieren, werden zu falschen Vorbildern – zu Modellen für jene Führungskräfte, die mit hehren Worten Forderungen aufstellen, doch deren Einlösung und damit wirkliche Innovationen im Unternehmen später hintertreiben. Die bringen später ihre Mitarbeiter in einen ähnlichen, nicht auflösbaren Zwiespalt: Sie sollen kreativ, initiativ, innovativ sein und „sich entwickeln". Doch bei jedem Versuch, das „unter" diesen Vorgesetzten zu leisten, scheitern sie und versagen dabei, den von der Führung vorgegebenen Zielen zu genügen.

Krisen konstruktiv nutzen

Den „Beziehungsfallen“, die infolge unausgewogener mentaler Prozesse und Verhaltensmuster entstehen, können Führungskräfte und Mitarbeiter nur entrinnen, wenn sie durch eigenverantwortliche Kooperation mit Beratern und Trainern die veränderten Arbeits- und Innovationskontexte und die damit verbundenen Krisen durchdenken, „durchleben“. Jede nachhaltige Veränderung im Unternehmen löst dort zeitweise Belastungen aus, auch individuelle Betroffenheit. Solche Vorgänge sind aus strategischer wie aus persönlicher Sicht einzubeziehen, damit ihre positiven wie negativen Konsequenzen aus verschiedenen Perspektiven betrachtet werden können.

Für Berater wie Trainer folgt daraus: Sie müssen in der Lage sein, zeitweilige Krisen in der Kooperation mit den betroffenen Teams auszuhalten und sie zu dem Zweck, alle Beteiligten innovationsbereiter zu machen – geradezu provozieren. Gestylte Folien, vorweggenommene Antworten und auf Schlagworte reduzierte Beratungs- oder Trainingsziele nützen dazu wenig. Diese helfen den externen Partnern bei der Arbeit, schaffen eine ansprechende Atmosphäre und sind leicht zu konsumieren. Aber sie produzieren keine mentalen Ressourcen, die Führungskräfte und Mitarbeiter aktivieren und Eigeninitiativen zeigen ließen.

Innovationen durch Innovationen provozieren

Durch Innovationsprozesse entstehen manchmal Entwicklungschancen, die im Vorfeld nicht abschätzbar waren. Dazu zählen neue Vorgehensweisen oder Erfahrungen, mit deren Hilfe Problemlösungen optimiert und ursprüngliche Formalisierungen überwunden werden können. Auf diese Weise mögen Inhalte neu definiert, Ziele präzisiert oder Methoden verbessert und von einem neuen, höher qualifizierten Niveau aus angestrebt werden.

Diese Beobachtung stützt die Idee, daß es manchmal wertvoller ist, Innovationen aus Innovationen zu fördern, als nur vorab geplanten Neuerungen nachzugehen. Die Konsequenzen, die aus „innovationserzeugenden Innovationen“ hervorgehen, sind für ein Unternehmen aber schwer vorhersehbar und verändern häufig den Kontext einer Innovation. Kontext- und Wirkungsanalysen, die im Vorfeld angestrebter Ziele nicht geleistet wurden, sollten deshalb in qualifizierten Trainings und Beratungen nachgeholt werden. Daraus ergibt sich die Frage: Sind diese in der Lage, neue Sichtweisen zu generieren, mögliche Kontext- und Wirkungsebenen differenziert zu betrachten, oder werden Analyseprozesse nach vorbestimmten, rigiden Ablaufschemata formalisiert? Externe Partner, die sich in starre Zeitpläne flüchten, mit fertigen Folien oder vorgezeichneten Antworten den innovativen Herausforderungen eines Unternehmens begegnen wollen, scheinen kaum geeignet, einen intelligenten Umgang mit dessen Komplexität zu modellieren.

Dafür lassen sich anhand erlebter, auch kritischer Beratungs- und Trainingsprozesse neue Strategien entdecken, um die soziale, kommunikative und innovative Kompetenz der verantwortlichen Führungskräfte und Mitarbeiter zu stärken. Sie sollten nicht schematisch sein, sondern Lösungspotentiale variieren und optimieren. Ein „Reflecting Team“, das etwa zur Bewertung einer Unternehmenskrise oder zur bestmöglichen Vernetzung verschiedener Innovationsvorhaben eingesetzt wird, erzeugt zum gleichen Thema andere perspektivische Qualitäten als eine Szenario-Analyse oder die Metaplantechnik.

Die Fähigkeit zur Innovation drückt sich darin aus, daß sie den intelligenten Dialog, die Kompetenzen zur Verantwortung, zur visionären Führerschaft zu verbinden weiß. Funktions- und hierarchieübergreifend fordert sie Lernprozesse ein, die netzwerkorientierte Perspektiven eröffnen. Daran sind Führungsprofile von Managern, aber auch die Qualität von unternehmensinternen und -externen Berater- wie Trainerleistungen zu messen.

7 „Prozesse des Gelingens" optimieren

Zu „scheitern" bedeutet mehr als nur Fehler zu machen. Nicht nur der Ausgang eines Prozesses, schon seine Genese ist eine komplexe Angelegenheit. Gerade darin bietet das „Scheitern" eine andere Qualität des Erkennens, als vergleichsweise nur „aus Fehlern" zu lernen. Für die Entwicklung von Organisationen kann dies – nicht aus verurteilender, sondern aus beurteilender Perspektive – hilfreich sein.

Gelegentlich setzt das voraus, Lieblingsargumente im Umgang mit Krisen zurückzustellen, die bei der Bewertung mißglückter Prozesse und Projekte verbreitet sind. Statt dessen gilt es, sie einer engagierten Neutralität, also einer motivierten, aber übergeordneten, distanzierten Perspektive zu unterstellen. Sich andererseits aber nicht auf Distanz und Gleichgültigkeit zurückzuziehen, wenn etwas schiefgeht, sondern mit wachem Blick das Besondere an den vielfältigen Prozessen des Scheiterns zu erkennen. Und ihnen dann nicht mit Panik oder vorgefertigten Meinungen, sondern mit Neugierde zu begegnen.

Die Erfahrung des Scheiterns ist in vielen Unternehmen weitverbreitet. Als solche gleicht sie einer Ressource. Denn die „Logik" des Scheiterns, ihre inneren Vorgänge, Bedingungen oder Abläufe zu verstehen mag hilfreich sein, um warnende Signale frühzeitig zu erkennen – und aus ihnen die richtigen Schlüsse und Entscheidungen abzuleiten. Dabei ist das „Scheitern", ebenso wie das „Gelingen" einer Entwicklung, oftmals kein simpler Prozeß. Er wird meist von vielen Faktoren unterschiedlicher Komplexität, von verschiedenen Kontexten sowie von der Unternehmensführung selbst beeinflußt. Scheitern ist kein statischer, sondern ein lebendiger Prozeß. In diesem Sinne ist die „Prozeßanalyse des Scheiterns“ ein Beitrag zur realen Wertschöpfung. Denn am Bemühen um mehr Effizienz, Rationalisierung und Optimierung kommt kein Unternehmen vorbei. Dazu werden vielfache Initiativen erforderlich, verbunden mit erheblichem Aufwand an personellen und materiellen Ressourcen. Viele dieser Initiativen führen zum erhofften Ziel. Fast ebenso viele werden aber auf halbem Wege abgebrochen, „versanden“ unterwegs, führen in eine unerwünschte Richtung oder sind im Verhältnis zu den anfallenden Kosten nicht mehr vertretbar. Am Ende waren sie nicht erfolgreiche, sondern mißlungene Versuche, die betriebliche Realität zu verbessern. Wichtig für ein Unternehmen ist seine Fähigkeit, eine destruktive Dynamik von Initiativen, Projekten und Prozessen in ein konstruktives, vielseitig vernetztes Engagement zu überführen und sich mit kritischen Entwicklungen umfassend, nachdrücklich und zugleich sensibel auseinanderzusetzen.

Die größten Rationalisierungspotentiale können sich Unternehmen erschließen, wenn es ihnen gelingt, ihr Augenmerk auf „Prozesse des Gelingens“ zu richten und sie zu optimieren. In den Ressourcen, die in zahllosen Projekten, Maßnahmen und Strategien eingesetzt und dann bedauerlich oft für Resultate des Scheiterns gebunden werden, schlummern enorme Beiträge zur wirtschaftlichen Wertschöpfung. Diese für künftige Entwicklungen zu gewinnen, zu nutzen, ist eine zentrale Herausforderung, um Unternehmen einen entscheidenden Vorsprung an Innovationskraft, Investitionskraft und Wettbewerbsstärke zu verleihen.

Literaturverzeichnis

ASHBY, W. (1962): Principles of the self-organizing system. In: Foerster, H./Zopf, G.: Prinziples of Self-organization, Oxford.

BRONDER, CH./PRITZL, R. (Hrsg.), (1992): Wegweiser für strategische Allianzen. Meilen- und Stolpersteine bei Kooperationen, Wiesbaden.

DETZER, K. (1990): Diskussionsforum über Technikfolgenforschung und -abschätzung anläßlich der Tagung des Bundesministeriums für Forschung und Technologie, 22.–24. Oktober 1990, Bonn.

DÖRNER, D. (1990): Die Logik des Mißlingens, Reinbek bei Hamburg.

EMRICH, H. (1986): Psychophysiologische Grundlagen der Psychiatrie und Psychosomatik, Bern/Stuttgart/Toronto.

FREUD, S. (1992): Vorlesungen zur Einführung in die Psychoanalyse, Frankfurt/Main.

HAMEL, G./PRAHALAD, C. K. (1995): Die Zukunft gestalten – schon heute. In: Harvard Businessmanager, Vol. 1, S. 36 f.

HAUSCHILDT, J. (1993): Innovationsmanagement, München.

HERRHAUSEN, A. (1990): Denken – Ordnen – Gestalten, Berlin.

HOULDER, V. (1995): Today's friend, tomorrow's foe. In: Financial Times, 2nd October 1995, S. 12.

HUF, W. (1994): Lean-Produktion, Appenweier.

KIESER, A./KUBICEK, H. (1992): Organisation, Berlin/New York.

KREMER, H. (1985): Lehrgespräche, Pettenkofer Klinik, München.

LEFRANÇOIS, G. R. (1976): Psychologie des Lernens, Berlin/Heidelberg/New York.

LEONARD-BARTON, D. (1994): Das lernende Unternehmen II: Die Fabrik als Ort der Forschung. In: Harvard Businessmanager, Vol. 1, S. 87–99.

LESSING, G. E. (1984): Ein Lesebuch, 25. Aufl., Berlin.

LORENZ, K. (1979): Die Rückseite des Spiegels. Versuch einer Naturgeschichte menschlichen Erkennens, München.

LUHMANN, N. (1988): Soziale Systeme, 2. Aufl., Frankfurt/Main.

MALIK, F. (1992): Strategie des Managements komplexer Systeme, 4. Aufl., Bern/Stuttgart/Wien.

MEDICAL TRIBUNE BERICHT: Blüten gestauter Aggression. Von selbstgemachten Schnittmustern und Sputniks im Darm ... In: Medical Tribune, Aktuelle Zeitung für die Praxis, Nr. 38, 22. September 1995, S. 34 ff.

MILTNER, W./BIRBAUMER, N./GERBER, W.-D. (1986): Verhaltensmedizin, Berlin/Heidelberg/New York/Tokio.

PROBST, G. (1987): Selbstorganisation, Berlin/Hamburg.

REIBNITZ, U. VON (1991): Szenario-Technik, Wiesbaden.

ROSENSTIEL, L. VON (1991): Entwicklung und Training von Führungskräften. In: Rosenstiel, L. von/Regnet, E./Domsch, M. (Hrsg.): Führung von Mitarbeitern, Stuttgart, S. 52–66.

ROTTER, J. B. (1971): External control and internal control. Psychol. Today 5 (1), S. 37–42, 58–59.

SATTELBERGER, T. (Hrsg.), (1996): Die lernende Organisation, 3. Aufl., Wiesbaden.

SCHMITZ, CH./ZUCKER, B. (1995): Knowledge Flow Management. Wissen nutzen statt verspielen. In: Hernsteiner Fachzeitschrift für Management-Entwicklung, Vol. 2, S. 4–7.

SCHULZ, R./EWEN, R. (1988): Adult Development and Aging. Myths and Emerging Realities, New York.

SCHÜPPEL, J. (1995): Alter Wein in neuen Schläuchen. Die Management-Gurus wollen dem Wissen wieder einmal auf die Sprünge helfen. In: Süddeutsche Zeitung, Beilage Bildung und Beruf, Nr. 179, 5./6. August.

SCHWENDNER, R. W. (1995): Wenn Trainer falsch ausbilden. In: Harvard Businessmanager, Vol. 1, S. 27–34.

SEN, A. (1992): On Ethics and Economics, Oxford/Cambridge.

SENGE, P. (1990): The Fifth Discipline, New York.

STÄUDEL, T. (1987): Problemlösen, Emotionen und Kompetenz, Regensburg.

STRAUB, G./FORCHHAMMER, L. (1995): Berater können erfolgreicher werden. In: Harvard Businessmanager, Vol. 3, S. 9–18.
TAYLOR, W. (1911): The Principles of Scientific Management, New York. Deutsche Übersetzung: Volpert, W./Vahrenkamp, R. (Hrsg.), (1977). Grundsätze wissenschaftlicher Betriebsführung, Basel.
WEBER, M. (1972): Wirtschaft und Gesellschaft, 5. Aufl., Tübingen.
WEBSTER'S NEW ENCYCLOPEDIC DICTIONARY (1994): New York/Cologne.
WEINERT, F. (1991): Die Klugheit, nicht aus Schaden klug werden zu müssen – zur Notwendigkeit und Nützlichkeit der Technikfolgenabschätzung. In: Albach, H./Schade, D./Sinn, H.-J. (Hrsg.): Technikfolgenforschung und Technikfolgenabschätzung. Diskussionsforum des Bundesministers für Forschung und Technologie, Berlin/Heidelberg 1991, S. 23–44.
WIRNHIER, C. (1995): Lektion Sporttraining, Olympia-Schießanlage, München.
ZIMBARDO, P. G./RUCH, F. L. (1987): Lehrbuch der Psychologie, Berlin/Heidelberg/New York.

Der Autor

Raimund Schwendner, Jahrgang 1955, ist promovierter Diplompsychologe und Kommunikationswissenschaftler mit einer Zusatzausbildung in Betriebswirtschaftslehre.

Er ist für zahlreiche Unternehmen als Coach und Führungskräfte-Trainer sowie als Projekt- und Prozeßberater tätig. Im Mittelpunkt seiner Arbeit steht das Synergie- und Netzwerkmanagement, um unterschiedliche Innovationsstrategien effizient zu implementieren und notwendige Lernprozesse auf Teamebene zu entwickeln, zu fördern und zu verzahnen.

Außerdem ist er Dozent für Innovations- und Personalmanagement an der Universität München und an der privaten Internationalen Managementhochschule in Bad Waldsee sowie Mitbegründer der „Forschungsgemeinschaft für Kommunikations- und Innovationsstrategien (ComFor)“ mit Sitz in München, Chicago und Los Angeles.

In München zu erreichen unter der Faxnummer: (089) 22 19 82.

Made in the USA
Las Vegas, NV
12 November 2024

11564252R00125